蠹鱼书谭

杨 建 ◎ 著

上海科学技术文献出版社

图书在版编目（CIP）数据

蠹鱼书谭 / 杨建著 . —上海：上海科学技术文献出版社，2018

（全民阅读书香文丛）

ISBN 978-7-5439-7663-4

Ⅰ.①蠹… Ⅱ.①杨… Ⅲ.①随笔—作品集—中国—当代 Ⅳ.①I267.1

中国版本图书馆 CIP 数据核字（2018）第 152023 号

责任编辑：王倍倍
封面设计：许　菲

蠹鱼书谭
DU YU SHU TAN
杨　建　著

出版发行：上海科学技术文献出版社
地　　址：上海市长乐路 746 号
邮政编码：200040
经　　销：全国新华书店
印　　刷：昆山市亭林彩印厂有限公司
开　　本：787×1092　1/32
印　　张：6.625
字　　数：117 000
版　　次：2018 年 8 月第 1 版　2018 年 8 月第 1 次印刷
书　　号：ISBN 978-7-5439-7663-4
定　　价：26.00 元
http://www.sstlp.com

序

蠹鱼,古名之曰蟫,实乃书之敌耳,后来反赐作嗜爱读书之人一种雅称。忆昔童幼时,生活清贫,物质匮缺,家中无甚玩具,唯有父母满贮的一小木橱书籍,虽不识字,寂寞里朝夕翻看,却由此于兹渐生亲稔。及至年齿稍长,竟养成一种习癖,无问别择地杂览,耽溺其中无法摆脱,好比蠹鱼经年累月钻啮纸堆里,幸耶非耶似乎早已惘然。西野嘉章曾云:"读书一事,是穿过纸张透视世界。"辞简意深,如今人逾四十,是否真的臻于不惑而能透视世界,大概还是难得一说。而蓦然回顾以往读书光景,历历在目,至少担当得起"悲欣交集"之慨罢。于己而言,读书之益,在于多知总比少知甚至无知要好,懂得常识,明晓一些大小道理,不致堕入愚蠢荒谬而枉费此生也。

读书之暇亦学习写作,各类文本体裁均喜

涉猎，然才短学陋，成绩却并不理想。这是我的第一本书，所收皆为读书随笔，乃是挑拣稍觉有意思者略分四辑合为一册而已。诸如这些小文，虽平素常得师友嘉勉，但终究难免稚拙芜杂，深自愧怍之余，亦诚愿若知堂所谓煮豆撒微盐，广结佳缘，存念微末情分，使相识与不识者读之不吝给予评议甚或欣然有同感即足矣。是为序。

杨 建

戊戌年二月廿一日记

目 录

第一辑　旧尘考稽

《苦雨斋中》及其他	1
周作人与《农业管窥》	6
露水的世	
——一茶俳句与沈启无诗	10
《儿童杂事诗笺释》拾微	14
中译《徒然草》小谈	18
张伯驹先生撰著版本摘萃	21
炎樱其文	26
江幼农小品二集	29
笔名一例摭谈	32
关于汪曾祺佚文	35
关于谷林之书	38

第二辑　展卷漫语

《金岳霖回忆录》琐谈	41
《金克木集》志感	45
重读鹤西书	47
思痛记	
——读《程瑞芳日记》	50

抗战中看河山
　　——读杨钟健先生游记　　53
离乱弦歌忆家国
　　——也谈《巨流河》　　56
且说《当时光老去》　　60
晚晴春华的美丽鱼雁
　　——读《邂逅相遇：梅娘·芷渊·茵渊书札》　　63
黄昏，看《北平笺谱》　　67
漫谈《大雪》　　71
网外珊瑚，至为可珍
　　——读《陈师曾漫画》　　74
画中民族魂
　　——读《王子云西北写生选1940—1945》　　77
醉在"紫藤架"下
　　——细品汪曾祺题画语　　80
读余散记　　84
杂览琐记（二则）　　87
笔记杂钞（三则）　　90
小书话　　95

辑三　风物杂笔

《琐碎录》闲窥　　98

蒲松龄的《农桑经》	101
鲁迅书桌上的盆景	104
朝颜闲抄	107
朝颜补抄	111
也谈虎耳草	114
《罗汉豆》钞补	117
节气的古雅笺释	
——谈《微读节气》	121
关于《一岁货声》	124
读方言书小谈	128
苦竹与纸	131
琉璃之中见般若	
——读《杨惠珊的艺术创作》	134
豆腐之书	138
碧海青天夜夜星	
——读天文书	141

辑四 西籍拾叶

卡夫卡的画	145
读《没有画的画册》	148
耶麦的诗	
——读《春花的葬礼》	151

闲话《荒诞书》   *154*

虚幻之美

    ——读《花园余影》   *158*

迷人的游戏之书

    ——读《克罗诺皮奥与法玛的故事》   *161*

天真地等待

    ——读《没有人给他写信的上校》   *164*

面对愚蠢荒谬 嘲笑或是反思

    ——读《黑羊》   *168*

一直下雨的星期天   *174*

美丽的虚无

    ——读《岛屿书》   *178*

梦见世上永无战争

    ——读《此生名为李香兰》   *181*

雨天闲览偶记

    ——读《东京昆虫物语》   *184*

儿童诗谈片

    ——读《向着明亮那方》   *188*

但伤知音稀

    ——读《退稿信》   *191*

品书小录(八则)   *195*

第一辑　旧尘考稽

《苦雨斋中》及其他

现代诗人朱英诞一生揭载于世的文章并不多，研究者孜孜搜集，目前仅见短章三十三篇，另有长篇随笔三种，计《苦吟诗人李贺（长吉评传）》《笑与"不笑"——一位罕见的幽默诗人（诚斋评传）》和《梅花依旧——一个"大时代的小人物"的自传》。而独篇专谈周作人印象及与其交往的仅《苦雨斋中》一文而已。当年朱英诞与林庚、废名和沈启无相交甚厚，得到扶掖提携，并被废名和沈启无引荐给周作人，颇获赏识，后因周沈交恶且兼写《苦雨斋中》一文，周氏遂与之断绝关系，朱英诞曾发出"城门失火，殃及池鱼"之叹。个中缘由事端，可参看《梅花依旧——一个"大时代的小人物"的自传》之第十章"家国两难"、第十一章"与当代文士的关系"以及第十二章"我的追悼"。从整个事情起因过程来看，周氏迁怒朱英诞，绝非因区区《苦雨斋中》，虽然其文内容有戏笔与暗谑触及周氏之心理忌讳，殆在于周氏视朱英诞为沈启无一边人耳。事实上，朱英诞更趋于理解同情沈启无。说来周作人对朱英诞才华很是欣赏且不无好感，但朱英诞较少赴苦雨斋，不似同学李白凤那般对周氏痴迷崇拜，他实则更喜欢废名。

近日，闲来无事，翻看朱英诞旧体诗集《风满楼诗》（朱绮编，2012年9月台版），是书名摘自其父诗句："机杼声中风满楼"，诗作迄于1958年，止于1983年，共计一千余首，清丽可颂，每缀以小序、注、跋等，既可视为小品美文，亦可助益现代文学研究，极具史料价值。仔细检点，集中涉及周作人的凡六题，分别是作于1963年之《忆苦雨老人》，作于1967年之《跋山上水手抄书兼悼念》，作于1982年之《读知堂回想有感》（三首）、挽联《重挽知堂老人　读〈知堂回想〉后》、《戏题〈知堂回想〉"不辩解说"二首》和《孤雁》。在其新诗中，亦见有作于1982年的一首《疲倦——读"知堂回想"后》。

最早的一首《忆苦雨老人》云：

独立金枝嘲凤凰　不关世事爱文章
老人忘我惊人老　苦雨斋中听白杨

附于其后长注云："壬寅秋冬之际，琦翔往访老人，云老人闻予已五旬，不觉失笑曰：他也有五十了。追忆初至苦雨斋，在庚辰年，时予二十七岁，横幅'苦雨斋'三字悬西山墙上，为沈尹默书，雨气淋漓，诚墨宝也。予访谒时，正当秋雨沉沉，白杨高大，犹于风中作响也。老人于拙文最加爱赏，尝于汽车中阅予谈茶文，深致赞叹。沈启无云，又指予咏菊诗，以为圆至过于先辈。冯废名云，白杨俗呼鬼拍手，老人曾为予写渔洋题聊斋志异诗，故于斯不排斥此种民俗学的好资料也。又予为文曰'苦雨斋中'，比拟老人为象，为眼小也，乃为薄夫所笺，闻老人颇不悦意。然该文为他人攫去发表（予之诗文多为人发表者），刊出后，迄未得见，今则益不能记忆矣，惟其中引用采薇歌，殆反战欤？琦翔云，老人三十万字之回忆录已脱稿，可望寄至香港出版。"注文中有好些文事故实，由亲历者娓娓道来，情真意挚，历历在目，沧桑旧尘，令人低回难已。而有关《苦雨斋中》一文之片语，尤可补遗也。其"挑拨"周氏与朱英诞关系之人为谁？攫去其文发表的"他人"又是谁？

余以为斯文写就乃他人拿去代为发表，朱英诞自己并不知情，是可以确信的。《苦雨斋中》1944年8月1日发表于《天地》杂志第十一期，署名朱杰西。《天地》由苏青1943年10月创办于上海，朱英诞时在北平，南北音讯不畅，与苏青义不识，不大可能知道有这刊物而投此稿。依照沈启无与朱英诞之关系及其个人行径（可参阅桑农文《〈水边〉轶事》），恐怕沈氏嫌疑最大。一者，沈启无曾向周作人推荐朱英诞在伪北大任教，两人过从甚密，见到《苦雨斋中》之稿并取去先交呈周作人一阅可能性极大；二者，据黄开发整理的《沈启无自述》，沈启无1943年冬在南京认识胡兰成，而胡兰成正与苏青相熟，很可能是沈启无将《苦雨斋中》一文稿交予胡兰成再转给苏青发表。1944年3月23日，周作人所作《破门声明》发表于《中华日报》副刊，宣布与沈启无断绝师生关系（此事件胡氏同情沈启无），同年数月后沈启无便借发表朱英诞《苦雨斋中》作再度"攻击"周氏之"冷箭"泄愤亦未可知。

卢沟桥事变前，朱英诞拟赴日本学习印刷术，曾请教于周作人，即得到其帮助之热心应承，后日军全面侵华，北平沦陷，此事遂搁置。朱英诞回忆道"后来我在国文系教两个小时的'诗与散文'，偶有机会可去日本，我想去，周先生语重心长地说：'这时候不要去了吧！'我听了如闻长者的声息，至今感念。"（《梅花依旧——一个"大时代的小人物"的自传》）盖此一时彼一时，情势已大不同矣，周氏对朱英诞顾惜有加。朱英诞是以中年至晚年有这些怀念之诗，对周作人始终深怀崇敬之意，虽然别有一些独到的批评和看法。

原载于2014年1月6日《藏书报》

附记：朱英诞第一本诗集《无题之秋》出版于1935年，乃其生前唯一出版作品集。其身后他人所编辑出版作品集，目今依序是《冬叶冬花集》(陈萃芬选编，文津出版社，1994年9月)、《新诗讲稿》(陈均编订，北京大学出版社，2008年3月)、《大时代的小人物——朱英诞晚年随笔三种》(陈均/朱纹编订，台湾秀威资讯科技股份有限公司，2011年9月)、《仙藻集·小园集》(陈均/朱纹编，台湾秀威资讯科技股份有限公司，2011年11月)、《李长吉评传》(陈均/朱纹整理，海豚出版社，2012年1月)、《风满楼诗——朱英诞旧体诗集》(朱绮编，台湾秀威资讯科技股份有限公司，2012年9月)、《朱英诞诗文选：弥斋散文·无春斋诗》(朱纹/武冀平编选，学苑出版社，2013年12月)、《我的诗的故乡》(陈均编，北岳文艺出版社，2015年10月)、《朱英诞现代诗选集》(王泽龙/高健选编，长江文艺出版社，2017年10月)、《朱英诞现代旧体诗选集》(王泽龙/高周权选编，长江文艺出版社，2017年10月)。朱英诞一生创作新诗数量惊人，据闻有三千余首，另尚有不少存稿，皆有待整理，进而编定全集出版。

2018年1月20日

周作人与《农业管窥》

1950年11月11日,周作人在上海《亦报》专栏上发表短文《农作物的名字》,大概意犹未尽,于次日又发表《占验与风俗》,两文均抄引鹤西所著《农业管窥》之文。时隔七年,1957年12月19日,他在《新民报晚刊》上再度发表读书笔记《农业管窥》,仍念念不忘此书。前二文分别涉及书中第十四章《品种和遗传》与关于天时的农谚风俗,最后一文除依旧涉及书中第十四章外,还另谈到第十七章《杂草与病虫害》,至于第十八章论"农业研究"中关于天时的农谚风俗则一笔带过。周作人对《农业管窥》甚表赞赏,云:"我看了很是喜欢,鹤西是诗人兼科学家,书中专门部分虽是隔膜,但有些地方便是在我们门外汉也能欣然读过去。""这是一本专门的书,但于学理与数字之间,仍多有文学兴味存在,有科学小品之趣。"周作人尝撰《科学小品》一文谈道:"所谓科学小品不知到底是什么东西,据我想这总该是内容说科学而有文章之美者,若本是写文章而用了自然史的题材或以科学的人生观写文章,那似乎还只是文章吧，别的头衔可以不必加上也。"我们看《农业管窥》引文，虽片段鳞爪，觉得确实符合科学小品的要求。他此文还历数自己喜欢的科学小品著作，如英国怀特著《塞耳彭自然史》、法国法布耳著《昆虫记》及英国汤木生著《动物生活的秘密》和《自然史研究》。

鹤西（程侃声）是著名农学家，早年是新文学诗人，其生平经历和文学创作及作品的详情现今皆已揭橥于世并为大家熟知，兹不再赘述。他在《不幸的书稿》一文里回忆："《农业管窥》是和大学同学叶德备合著的，也由我二人合资印行。"据称他曾将此书稿与另一据美军战地科普读物而译成的《猢狲世界》一同寄与叶圣陶主编的《小说月报》，但最终因故未蒙采用，而《猢狲世界》译稿则佚失于"文化大革命"期间。类似《农业管窥》这种科普小书，嗣后鹤西又写成《亚洲稻籼粳亚种的鉴别》和《亚洲稻的起源和演化——活物的考古》两种，却已是在"文化大革命"结束他退休之后了。关于周作人评价其《农业管窥》，他是注意到了的，在《追忆知堂老人》一文中说道："最近从朋友为我复制的文稿中，得知对我们一九四七年印的小书《农业管窥》，他曾不止一次地引述，并都是有关'草、木、虫、鱼'和民俗的，*丝毫未涉及书中对世事所发的议论*。"颇有微词，但也道出周作人此类文章主旨和特色。此文满含深情，对周氏有委婉、礼致而深刻的看法和批评，止庵在《"初冬的朝颜"》一文中称赞："实在佩服他说得如此干净实在。"鹤西与周作人曾有接触与交往，大概经由废名引介无疑。他浮光掠影自述昔日曾与周氏通信，在孔德和成达二校合并后任图书馆员并听过周氏授课，周氏曾赠书与其，还拜访过几次八道湾苦雨斋，去南京老虎桥监狱探望过周氏等。

生物学在周作人学术研究里是非常重要一项，在《我的杂学》一文第九章里单独进行了讲述，称自己很想知道人在自然中的地位（严复译"化中人位"），于是便由人类学引到进化论与生物学，但并非单纯为了此问题，还在于对于这一方面有着深深的爱好。多年前，他开笔撰写有关草木虫鱼系列文章，在《草木虫鱼小引》里就简拖说明因由："第一，这是我所喜欢，第二，他们也是生物，与我们很有关系，但又到底是异类，由得我们说话。"摒弃其中讽意不论，其前后观点基本不移。而周氏对《农业管窥》之关注，不妨视其在解放后对科学小品和生物学始终保持浓厚兴趣的一贯延续，同时亦蕴藉对暌违故友的怀念之思。鹤西1999年辞世，2002年12月《鹤西文集》由云南美术出版社出版，囊括《野花野菜集》（诗文合集，1987年自印本）和《初冬的朝颜》（散文随笔集，1997年上海书店出版社）二书全部诗文并增补部分书信与翻译等，虽略有遗漏，其一生文学作品已大致于此，但却未收进《农业管窥》。大概其书难以觅得，编者认为属于科学专著而舍弃在外亦未可知。当年周氏何时以何方式获阅此书，我们无从稽考了。除周氏和鹤西本人外，未见有谁提到《农业管窥》。此书时由湖北省立农学院付印，距今已六十余载，似无再版。我偶然在孔夫子旧书网上见仅有一册出售，书脊脱落，尘渍斑斑，封面装帧版式俱素朴无饰，惜不得一窥其内容，不知著者亲友或藏家手中尚遗存一二册乎。

原载于 2013 年 10 月 21 日《藏书报》

露水的世

——一茶俳句与沈启无诗

周作人非常喜爱小林一茶的俳句,最早于1916年用文言所撰《日本俳句》一文里即提及小林一茶,称其"写人情物理,多极轻妙"。1921年5月,他撰《日本的诗歌》一文,其中评论小林一茶,云:"他善用俗入诗,又用诙谐的笔写真挚的情。所以非常巧妙,又含有人情味,自有不可及的地方。"同年5月,又撰《一茶的诗》一文,共译就小林一茶俳句四十九首,赞叹道:"是人情的,他的冷笑后含着热泪。他对于强大的反抗与对于弱小的同情,都是一体的。一茶在日本俳诗人中,几乎是空前而且绝后的,所以有人称他作俳句界的彗星。"

1923年2月,周氏撰《"俺的春天"》一文,忆及昔日在高岛平三郎所编《歌咏儿童的文学》里接触到小林一茶的充满儿童味的俳句,竟从此嗜好终生。《歌咏儿童的文学》收录小林一茶诗作五十首,第二编收录其俳句共有九十八首之多,高岛氏在是书前言称"吾人试从他的句集里摘取一二读之,人生之机微跃然现于区区十七字中，触动吾人之心琴，即生共鸣。特别是关涉儿童之作，观察精致，语句机警。于形式、手段、习惯之外，有一种超然的天真流露出来。一茶独自徜徉在小儿诗之意境中，实他人难以企及。故本篇多收录彼之俳句。"在同年所撰书评《歌咏儿童的文学》里，周作人再次赞叹道："小林一茶在俳句集及《俺的春天》里多有很好的儿童诗，中国就很难寻到实例。"对儿童与弱小生命的深刻同情与热爱，让周作人思想在小林一茶诸多俳句里找到了契合。

1925年6月1日，周作人撰《唁辞》，表达对自己小孩保姆突然病殁的深切哀悼，其中即谈到：

"日本诗人小林一茶在《俺的春天》里记他的女儿聪女之死，有这几句：

'……她遂于六月二十一日与薜华同谢此世。母亲抱着死儿的脸，荷荷的大哭，这也是难怪的了。到了此刻，虽然明知逝水不归，落花不再返枝，但无论怎样达观，终于难以断念的，正是这恩爱的羁绊。〔诗以志哀，〕

露水的世呀，
虽然是露水的世，
虽然是这样。

虽然是露水的世,然而自有露水的世的回忆,所以仍多哀感……'"日文"露水的世"指"露水的一生"。文中所引小林一茶的这首"露水的世"的俳句很有名,即收录在《歌咏儿童的文学》里。

后来,我读《苦雨斋文丛·沈启无卷》(辽宁人民出版社),见到沈氏新诗里有一首名《露》,具引如下:

朝露
有人比做你是人生
我欣悦你占有这个清新
这也便是你的一生

露水的人生呀
然而露的光阴
原是在它的夜里

此诗作者后记云:"我曾经写过露水小诗二章,那时正是秋心(梁遇春)死后,废名以为可作此君悼词。他后来又将秋心遗札装册,要我写跋语,我亦曾提出此意。第一章在人间世登载过,后一章没有发表。光阴一句,当时与废名颇费商酌,欣慨交心。而今良朋星散,诗坛冷寂,如何可言。以上后记,是写在'水边'集里的,现在把第一首的末句取消,第二首算是第二节,合并成一首诗。"我读此诗，觉得与周氏所译小林一茶那首"露水的世"的俳句何其神似，盖其意蕴窃自于斯罢。此诗末句倒是翻出新意，仍不失为佳作。

沈启无是周作人四大弟子之一，其文与学识深受乃师影响，编选《近代散文钞》与《大学国文》而得名，其诗多所模仿废名，成就平平。而沦陷期间，他竟附逆落水，民族气节与个人品德尽皆丧失，尤令人鄙弃不齿。最后说一句，以露譬喻人生，其实在吾国古诗文里比比皆是并不鲜见，乃东方传统的一种生命观、哲学观与审美意味。

原载于2016年8月4日《攀枝花晚报》副刊

《儿童杂事诗笺释》拾微

    1991年5月,《周作人丰子恺儿童杂事诗图笺释》由文化艺术出版社付印出版,周作人作诗,丰子恺插图,钟叔河笺释,兼以印制精美,甫一面世即获赞誉,舒芜、谷林、张中行等诸文化前辈纷纷撰文予以肯定并指出白璧微瑕。因对此书喜爱,舍中集藏有其目前所见全部印本,除文化艺术出版社版外,另有1999年1月中华书局版、2005年2月岳麓书社版及2011年3月北京师范大学出版社和安徽大学出版社联合出版之版本。

    《儿童杂事诗》之文化成就、丰子恺插图之艺术特色、钟叔河笺释之精微审慎,余不敢置喙妄评,惟暇时玩味各版本之细微异同,似有会意,为之执著坚毅而感念不已,钟先生笺释内容历年修订增补情况兹不赘言,今且梳理之外是书修订增补之大略。

    首版书中"笺释者言"撰于1990年4月,说明《儿童杂事诗》之价值,交代笺释缘由,情深意挚,读来为之感动。书末"笺释跋语"撰于同年7月,交代一己笺释之方法及周氏晚年与《儿童杂事诗》，相关史实令人惊恻。而"跋语"则分别由周丰一和丰一吟撰于1990年五六月，合于一篇中。次种版本补充笺释资料并更正阙误，将首版之"跋语"分列为"跋语一"与"跋语二"两篇，乃新增"修订本题记"，时"跋语一"撰者周丰一已于一年前辞世，钟先生抄引《广阳杂记》里"至十九首曰，'不惜歌者苦，但伤知音稀'，非但能言人难，听者正自不易也"一句，加以感念，愈发是寂寞悲郁难遣。第三种版本封扉增笺释者题记一段，曰："《儿童杂事诗》作于一九四七、四八年间，一九五零年二至五月在上海《亦报》连载，丰子恺插图，《笺释》作于一九八九年秋，一九九一年交文化出版社印了三千册，一九九九年至二零零一年改定交中华书局三次共印行三万册。现经修订增补，由岳麓书社重新出版，书名亦由《周作人丰子恺儿童杂事诗图笺释》改为《儿童杂事诗笺释》。"是书正文前"笺释者言"文后补缀一条"附记"："此为第五次印，经修订增补，殆是定本矣。二千零四年。"咀味其语，为之怆然。书末首次新增"儿童杂事诗代跋"，原为知堂1950年3月10日发表于《亦报》之短文《儿童诗与补遗》，后发现其手稿，即依作者原意将之作为《儿童杂事诗》代跋，而将次种版本两篇"跋语一"与"跋语二"并为一篇"跋语二则"。最近之第四种版本改动较大，前三种版本俱为平装，原诗和笺释繁体竖排，双色套印，此次则精装，为方便读者计，原诗和笺释俱以简体横排，普通白纸排印。是书新增"笺释新序"，挂念久失之周氏书赠《儿童杂事诗》其中两首之条幅，重申《儿童杂事诗》之价值及改动缘由，文末落笔"二千零十一年二月二日，钟叔河于长沙城北之念楼，时年八十岁。"而"笺释者言"改为"笺释原序"，丰子恺刊载《亦报》六十九幅插图亦照原尺寸刊印，藉以存真；另，因原影印周氏1966年写本多为繁体与不规范省笔，读者较难辨识，所以书后附其1954年写本影印，以便两相对照欣赏。此殆为钟先生笺释之定本乎。比较四种版本，尤以岳麓书社版印制最为精美悦目，而最近之第四种版本内容更为完善。

值得一说的是，《儿童杂事诗笺释》中所采用的《儿童杂事诗》之序乃周氏1947年8月5日作于南京之手稿本序，原文计三百二十一字，而其另有1950年2月23日始在《亦报》发表《儿童杂事诗》之序，则大为简省，原文仅一百六十七字，大概是考虑报纸用文字数限制罢。手稿本序只言及《儿童杂事诗》甲乙两编，而刊载之序除甲乙编外还谈到丙编，两序可相互参阅。次种版本与最近之第四种版本扉页上皆小幅影印了刊载之序，余以为似可将此两序依次排印于书中方更为妥帖。

据钟先生所叙，他最初于1950年读到《亦报》上连载周氏所作《儿童杂事诗》，便很是喜欢，1957年后与周氏通信请教，因而结识周氏，遂设法求得《儿童杂事诗》剪报全份，1989年即发愿并动手为作笺释，1991年《儿童杂事诗笺释》首版面世，其后又不断修订增补续出三种版本使之趋于完善，迄于2011年，其与《儿童杂事诗》之缘已垂六十余载矣，其一往情深历历可鉴。

原载于2014年3月3日《藏书报》

附记：《儿童杂事诗笺释》由海豚出版社2017年2月再版，亦加修订，书后收录早、晚两种周作人手抄《儿童杂事诗》全稿，此第五版乃最终增订版也。

2018年1月20日

中译《徒然草》小谈

　　昔日，偶然在陈子善先生所辑周作人译日本诗文集《如梦记》（文汇出版社，1997年6月）里初次读到《〈徒然草〉抄》，共十四则，竟为之倾倒。周氏在译文前特地写了一篇引言，介绍著者吉田兼好生平、研究者评论及《徒然草》特色，他说道："《徒然草》最大的价值可以说是在于他的趣味性，卷中虽有理知的议论，但决不是干燥冷酷的，如道学家的常态，根底里含有一种温润的情绪，随处想用了趣味去观察社会万物，所以即用在教训的文字上也富于诗的分子，我们读过去，时时觉得六百年前老法师的话有如昨日朋友的对谈，是很愉快的事。"我很是遗憾，以周氏之功力未曾全译是书，但他在引言末作了解释："以下所译十四节是我觉得最有趣味的文章，形式虽旧，思想却多是现代的，我们想到兼好法师是中国元朝代的人，更不能不佩服他的天才了。"由此可知周氏所译之取舍标准，其附后译校记称其中九则译于1924年，余下译于次年3月前，在四月俱载于《语丝》第22期，1927年收入北新书局初版

《冥土旅行》。查周作人日记，1924年1月22日云："买古本徒然草一册，七角。"同年购下是书，即起手翻译部分章节，可见周氏对之推崇备至，其后撰文他亦多次提到、借用书中文句和思想表达自己的看法。

除周作人外，郁达夫亦非常推崇是书，选译了《徒然草》其中六段，1936年2月1日刊《宇宙风》第十期，他在译后记里赞道："觉得它的文调的谐和有致，还是余事，思路的清明，见地的周到，也真不愧为一部足以代表东方固有思想的哲学书。"又称："在中日外交纷挈的今日，将这种不符合实用的闲书翻译出来，或者要受许多爱国者的指摘。但一则足以示日本古代文化如何的曾受过我国文化的影响，再则也可以晓得日本人中原也有不少是酷爱和平，不喜侵略，如我国的一般只知读书乐业的平民，则此举也不能全说为无益。"其用心至为良苦深远。但一年之后，即1937年7月7日，卢沟桥事变遽然爆发，日本悍然发动全面侵华战争，与译者良善祈愿完全悖逆。1939年，郁达夫流寓南洋，始终以手中笔倾力鼓吹抗战，至1945年胜利前夕竟被敌残害，令人扼腕痛惜难已。

《徒然草》和《枕草子》《方丈记》并称为日本三大古典随笔，著者兼好法师生前极富传奇，每有所思辄随处书写，无意成书，赖以后人搜集整理而付版印行传世，其确切卒年至今无法考证。是书共计二百四十三则，内容驳杂，简短率意，情致洒脱，深受中国文化影响，神儒道释的影迹明显，对人与人世有很通透睿智的看法。其书名来由，乃摘自其书序段首句二字，序段云："无聊之日，枯坐砚前，心中不由杂想纷呈，乃随手写来；其间似有不近常理者，视为怪谈可也。"（文东译）有译者释云："'徒然'在日语里是'无聊'的意思，其汉字的字面意思，是'无用'。虽然这两个字，是把首句的头两字摘下来，聊作书名，但掩卷遐思，觉得'心安理得的无聊'，其实不妨是一种生活的境界，与庄子所谓'无用之用乃为大用'，在精神上也是相通的。对这本书，我们也可以作如是观。"（文东《徒然草·译后记》）真是见道之言。

《徒然草》在国内的第一个全译本为王以铸所译，收入《日本古代随笔选》（人民文学出版社，1988年9月），其中附录了周氏《徒然草》译文。嗣后，《徒然草》全译本陆续推出，除王氏译本外，目前所见大约已有四种全译本面世，曾有喜爱《徒然草》的读者比较各家译本，认定以周氏译笔是为最佳。

原载于 2015 年 3 月 2 日《藏书报》

张伯驹先生撰著版本摘萃

2013年,时值张伯驹先生诞辰115周年,上海古籍出版社于同年8月推出《张伯驹集》,红绸面精装,书名烫金,厚厚一部,收录了先生现存全部作品,共八种,计《红毹纪梦诗注》《续洪宪纪事诗补注》《丛碧词定稿》《丛碧词话》《素月楼联语》《春游琐谈》《丛碧书画录》和《乱弹音韵辑要》,后附录其生平简表。以上诸作,曾以各种版本流传,此次萃编于此,读者盖能一窥先生文学和艺术之造诣与成就,现依时序分别简述之。

《丛碧书画录》。正编一百二十二篇,撰于1932年至1959年,补遗二十篇,撰于1960年。初为线装油印本,有自序一,序中称:"自鼎革以还,内府散失,辗转多入外邦。自宝其宝,犹不及麝脐翠尾,良可慨已。予之烟云过眼,所获已多。故予所收蓄,不必终予身为予有,但使永存吾土,世传有绪,是则予为是录之所愿也。"补遗之后有一则后记云:"上补遗于庚子岁写毕。至清末书画著录,宋元团扇、明清便面皆属,册页、对联,则多不录。余所收便面、对联,是录亦不另列入。"

此序尤令人感动，写此序时先生才三十四岁，其后果真不违夙愿。先生一生虽生于官宦之家，独不耽溺锦衣玉食声色犬马，而雅好文艺，不惜以身家性命倾尽家资豪购绝世珍品，之后又慨然捐归国库，毫无滞恋，由此收藏观可窥其胸襟气度之高，并世无两。

《乱弹音韵辑要》。由先生与余叔岩合编，作为北平国剧学会附设传习所之音韵学课程教材，最初在1932年发表于《戏剧丛刊》第二期和第三期。《张伯驹集》"出版说明"称《乱弹音韵辑要》曾在20世纪60年代更名为《京剧音韵》出版，盖早已绝版。集中有先生序和凡例，共三卷，计卷一"总论"、卷二"五声辑要"、卷三"尖转辑要"。1931年12月，梅兰芳、余叔岩、齐如山等创建北平国剧学会从事戏剧教育，翌年创办《戏剧丛刊》和《国剧画报》，出版编撰多种京剧研究著作，进行京剧艺术的传播及戏剧史料的搜集、整理和研究，而《戏剧丛刊》就出了四期。与之相关，张伯驹还在上面发表过一篇名为《佛学与戏剧》之文，另撰有《北平国剧学会缘起》、国剧传习所举行开学礼日之演讲稿《戏剧之革命》，后俱收入《春游琐谈》中。

《丛碧词定稿》。初名《丛碧词》，凡二卷，1938年首印于沦陷时北平，白棉纸和宣纸线装本，分红蓝两种，仿宋大字刻本，扉页傅增湘题"丛碧词"三字，后有夏仁虎与郭则沄序，最为藏书家之宝重。1958年，又有家刻自印本面世。1985年5月,中华书局推出《张伯驹词集》,是为其写词之最全本。先生一生作词无算,此次集中所收,皆亲自选定留存者,共六辑,计《丛碧词》二百题二百三十九阕(1927年至1954年)、《春游词》一百二十六题一百八十二阕(1961年至1965年)、《秦游词》八十五题二百零八阕(1970年)、《雾中词》三十七题九十八阕(1973年)、《无名词》六十题二百一十四阕(1973年)、《续断词》四十三题八十八阕(1975年),除《丛碧词》外余则均有自序,不知此集编者为何未曾收录夏郭二序以存真。时人对先生之词推崇备至,周汝昌在《张伯驹词集》序中云:"如以古人为此,则李后主,宴小山,柳三变,秦少游,以及清代之成容若,庶乎近之。"又撰文称:"在他(张伯驹)之后,恐怕不易再产生这种真正的词人之词了。"其逝世前一日,还吟诵一首七律又词一阕遥寄挚友张大千,张氏海外诵毕为之痛哭。

《素月楼联语》。1991年5月由上海古籍出版社首版印行,分四卷,计卷一"故事",卷二"祠宇 名胜",卷三"集句 嵌字 歇后",卷四"巧对 谐联"。其自序云:"中国对联在世界上为独有之文学艺术。因汉字之独特构造,我国诗歌自然由古乐府发展到律诗,而对联即律诗中之腹联也。……斯道虽属雕虫小技,然存其梗概,以便后学,不使成绝响可耳。辛丑岁中州张伯驹序。"由此可知其撰于1961年间。

《春游琐谈》。1962年5月，先生赴任吉林省博物馆馆长，邀约饱学硕儒之友朋结为春游社每周雅聚，并倡以撰写小品，撰笔者陆续有三十六位，其文经先生编著并写序，初以线装油印本面世，分为六册，先生笔名丛碧。其序云："旧雨新雨，相见并欢，爰集议每周一会，谈笑之外，无论金石、书画、考证、词章、掌故、轶闻、风俗、游览，各随书一则，录之于册，则积日成书。他年或有聚散，回觅鸿迹，如更面睹。此非惟为一时趣事，不亦多后人之闻知乎！"是书1984年7月由中州古籍出版社首版正式印行，分六卷，共计二百篇，其中先生即撰七十篇。

《红毹纪梦诗注》。撰于1974年，1978年7月由香港中华书局首版印行，自序，其年七十七时"因回忆自七岁以来，所观乱弹昆曲、其他地方戏，以及余所演之昆乱戏，并戏曲之轶闻故事，拉杂写七绝句一百七十七首，更补注，名《红毹纪梦诗注》。"这一百七十七首分作三部分，依次为《余自七岁起所观昆乱演员及各地方戏演剧》《所观票友戏》和《个人所学及所演之戏》。当时先生盖有意作成此数以自寿罢。之后，又补遗二十二首，共一百九十九首。先生一生酷爱京剧，1928年正式师从余叔岩，尝登台演出筹款赈灾。其诗水平自不待言，其注文更是简约传神，闲谈梨园掌故，极有京剧史料研究价值。

《续洪宪纪事诗补注》。此乃对刘成禺《洪宪纪事诗本事簿注》补遗辨误之作，载录当时史实，很多乃作者亲历目睹，尤显珍贵，昔曾部分发表于《社会科学战线》期刊，先生在前言说明缘由："其中事实有不详尽者，有出入者，亦有全非事实者，盖听传闻，非身所经历。……予与项城同邑，又属戚谊，但仍从旁观者著笔，是即是，非即非，不拘时，不限事，要供后人之不知者。"1978年，先生得知吴德铎向上海古籍出版社提出整理出版《洪宪纪事诗》，遂寄去此稿。先生1982年2月辞世，翌年7月，此作方阑入《洪宪纪事诗三种》正式出版，遗憾先生已不及见矣。

《丛碧词话》。1981年11月发表于《词学》创刊号，无序，共计一百则。《词学》由施蛰存先生筹划创办，其编委会会集了夏承焘、唐圭璋、俞平伯、钱仲联、王季思等众多词学大家与名流，先生列为编委之一。其足以见证先生对词学精深的研究与造诣。1998年3月1日，辽宁教育出版社出版先生文集《春游纪梦》，其中即收入《丛碧词话》，是为其首次付印成书。

其他诸如先生之书画集则有另本行世，就不再赘言了。

原载于2014年6月16日《藏书报》

炎樱其文

那日,翻看胡兰成1944年所编《苦竹》月刊第一、二期影印本,赫然竟读到炎樱两篇散文——《死歌》与《生命的颜色》,便蓦地记起诗人路易士在《记炎樱》一文里对其大加赞赏,虽然炎樱并不领情,以为他完全曲解。熟悉张爱玲文学的读者朋友都知道,炎樱是张爱玲就读香港大学时的同学兼知己好友,用现今时髦话说,是"闺蜜",尽管张爱玲后来与她渐疏往来乃至不再互通音讯。张爱玲在文章中多次提及炎樱,还专门记下了一篇《炎樱语录》,在《双声》一文里则是记下两人讨论与对话,我们读来,真是非常机智、深刻与慧黠,其中亦充满无情嘲讽。

炎樱"是个混血儿,父籍锡兰(即斯里兰卡),母籍中国。她原名法蒂玛·莫希甸"。(李君维《在女作家客厅里》)"炎樱是张爱玲给她取的中文名字,还有莫黛、貘梦等中文名字。"(李君维《且说炎樱》)炎樱是一个很有才情的女子,能绘画,譬如张爱玲《传奇》再版本封面以及《苦竹》月刊封面,皆出自其手,贴切而美观。

她还会裁剪做衣（张爱玲《炎樱衣谱》）。当然，她更写得一手好文章。

第一次读到炎樱散文，乃是凭了那本《张爱玲与苏青》（安徽文艺出版社，1994年6月），书中附录了"张爱玲译作"，全是炎樱的散文，共五篇，长短不一，文体各异。依序为《浪子与善女人》《毛毛雨的春天》《一封信》《无花果》《女装·女色》。翻检张惠苑编《张爱玲年谱》（天津人民出版社，2014年1月），查到1945年5月，《女装·女色》刊于《天地》月刊第20期。同年7月，《浪子与善女人》刊于《杂志》月刊第15卷第4期，而其余三文刊于何处却遗漏未记，亦不知是书编者从哪里辑得。这些文章，笔辞活泼大胆无忌，俱见精警。兹抄录《一封信》开头一段于下：

"英文谚语'无知无识是幸福的'，真是有道理。我小时候听见广东人说一个颜色很'雅'，我当作是'哑'。因为这缘故，有一种新鲜透明的翡翠绿，他们说'雅'，我便大声抗议：它不'哑'，它会叫的！我也不懂为什么大家茫然摸不着头脑的样子。直到最近我母亲才给我把这一点解释清楚了。但是太使人失望了，兰你，我想我的意思要好得多。不透明的，洋磁式的有许多色彩，浓厚的淀粉质的，什么都进不去，连回声都透不进的，那是完全石头似的又聋又哑。你只要看见一种洋磁式的杏仁绿的例子，就能意会到我说的那广大的沉默。（人家说'墙壁也有耳朵',没想到他们的衣服也许不是这样聋的。)我希望能做一件喑哑的、无情的蓝衣服,我想也是很'雅'的。"炎樱与张爱玲之间相互影响极深,二人文章亦神似,由此可窥一斑。目前所见炎樱散文仅此七篇,皆为张爱玲所译,亦不知还能寻到其他否。"张派"散文,炎樱应属第一人,而我们几乎都忽视了这一点。

昔日偶尔向一位张爱玲研究学者询问,为何不辑录炎樱散文,搜集他人记述其行止之文,合印成小书一册,既可欣赏其文又裨益张爱玲研究,岂不两便。那学者表示,因涉及著作权,目前暂时还没法去做,只能搁置,待编定《张爱玲全集》(北京十月文艺出版社)翻译卷时或可阑入。我听罢,暗自遗憾却又期盼不已。炎樱是张爱玲青年时期少数关系最亲密的人之一,而我们对她生平却知之甚少,特别是关于她离开中国后的生活境况几乎空白,好似谜一般。他人记述其行止之文寥寥可数,同时代的除张爱玲、胡兰成、沈启无、路易士等撰文曾涉及之外,亦只见司马新撰《炎樱细说张爱玲逸事》与李君维撰《且说炎樱》二文且较为信实。李君维先生笔名东方蝃𬟽,与炎樱是上海圣约翰大学同学,曾请炎樱作介前往访张,所著小说风格追摹张爱玲,几可乱真,被视为最早的"张派"作家,2015年8月3日,逝世于北京。

原载于2016年7月7日《攀枝花晚报》副刊

江幼农小品二集

民俗学家江绍原次子江幼农,生于1932年,因随父母滞留沦陷区北平,生活维艰,抗战末期身患重病无力得到及时治疗而辍学,靠自学修完初高中及部分农业大学方面课程,新中国成立后病情恶化,丧失自理,瘫痪在床,全赖母亲照料,虽然如此,仍自强不息,坚持自学与写作,在报上发表了大量文章,搜集编写《关于植物无性杂交的科学资料》,又自学俄文,翻译了苏联农科著作《洋葱和大蒜》和《草田农作制问题》,其事迹当年影响了很多青年,被誉为"中国的保尔·柯察金",1969年辞世,年仅三十七岁。

昔日偶然购得江幼农小品集二册,分别是《科学小品一集》和《营养小品一集》,1952年10月由平明出版社出版,编辑者为潘际坰和黄裳,被列入其新时代文丛第三辑。两书甚薄,均在百页左右,装帧封面皆一致,朴素、美观而书卷气盎然,仍旧是采取书页右翻,印字繁体竖排,但已显露新中国成立初一番新气象。平明出版社创办于1949年12月,社址位于上海汕头路82号,由巴金主持，1956年并入新文艺出版社。其间出版了大量著译书籍，尤以丛书居多，如新中国文艺丛书、新文学丛刊、新译文丛刊、新时代文丛等，究竟出版了多少种书籍，确切数量还有待专家查考。此小品集二册出版，江幼农才二十岁，可谓早慧之人。北京八道湾十一号原乃鲁迅寓所，周氏兄弟失和，鲁迅遂迁出，独为周作人全家居处，后江绍原家亦住于此，与周作人成了邻居。1951年2月15日上海《亦报》刊周氏文《一日三秋》，文中谈及周氏与江幼农传看《亦报》之情形，另据谢其章《张爱玲集外文发现记》一文里曾顺带亦谈及江幼农在上海《亦报》发表了许多知识小品的短文章之事实，那么这两册小书大概就是其中部分结集罢。因此，江幼农时在北京，为何是书却在上海出版就不足为奇了。

《科学小品一集》有作者1952年3月撰于北京的前言，其中谈道："所讲到的事物都是我们经常见到或听到的，现在用自然科学的看法来加以叙述。这些事物，无论在口头上或教科书里，也都常常出现。只是一般口头上的谈论，常使人感觉没有科学的依据；而普通课本上的讲述，又不免过于简略。现在我们虽也只用了很少的字数来大略一谈，但是由于每篇只是对一件个别事物加以讨论，所以一般说来，必要的常识是已经谈到了的。"集中收文四十七篇，而《营养小品一集》则无前言，收文四十六篇，另加附录《本书所用的度量衡及其他》。两书合计收文九十三篇，读来很能感受到作者积极响应建设新中国之热情。统观这些文章，皆属于科学小品，针对日常所见物事，大多言简意赅，每章几百字而已，探本求原，辨讹剔谬，内容朴实而丰富，集知识、趣味和亲切平易于一体，非常贴近平民大众生活，有的看法于今看来亦并不过时。耳闻目睹某些社会现象，说来"必要的常识"还是我们现代人应该具备的。

看《科学小品一集》和《营养小品一集》书名，当年大概预计还将出续集的，惜乎终究未成，这或许是江幼农惟一出版的著作罢，虽戋戋小册并非堂皇巨制，因读其书而想及其人，为之感佩难已，觉得弥足可珍。

原载于 2015 年 9 月 7 日《藏书报》

笔名一例摭谈

《民国名报撷珍》丛书（天津人民出版社，1998年2月）之《闲情雅趣》一辑殿尾收录有名上官桔者一篇散文诗《奔驰》，文辞优美，意境动人，原发表于1937年3月21日《大公报》"文艺"副刊，很多年前偶然读过，一直未能忘记，特别是那作者名，别致且略显神秘，测想应是笔名罢，其人是谁，可惜苦于手头资料缺乏无暇去认真探究一番。我于现代作家文人笔名觉得有些兴趣，关于这方面文章，以为还是张爱玲那篇随笔《必也正名乎》里分析通透说得好，她说："为人取名字是一种轻便的，小规模的创造。"同理，作家文人为自己取笔名亦如此，或许仅是好玩，含有游戏成分，或许不想表现真实身份，故意隐晦自己，严重点的是避开不必要的麻烦，但其中多少有点蕴意，这同样关乎一己之创造，属于文字的创造。

亦是因缘际会，后来读到《雷妍小说散文选》（2006年），又遇到"上官橘"。此书系其家人为雷妍整理自印的作品集。雷妍是20世纪40年代北平沦陷区非常著名的女作家，以小说闻名一时。此书后附录有"上官橘诗五首"，除第一首《书怀》作于1937年原载于《白马的骑者》外，余下的《窗》《树林》《无题》《喟》四首俱载于1937年《新诗》。其后称："上官橘本名刘植岩，系雷妍（刘植莲）的弟弟，生于1918年。1936年加入中国共产党。1937年遵照党的指示奔赴抗日第一线，战斗在太行山地区。"投笔从戎，救国难于水火，当时这样的青年有很多。之后，又读到董宝瑞撰文《雷妍弟弟刘植岩及其在抗日救亡时期吟唱的诗歌》（2009年），对其生平披露甚详，令人起敬。查《中国现代文坛笔名录（增补版）》（2013年6月）亦录有"上管橘"一条，却只归于沈从文先生名下。其"说明"称："初编笔名录中收入现代文坛笔名（包括极少别名）共6000余条，此次修订、增补时，又新收入文坛笔名（包括台湾地区、少数民族以及当代作者的少量笔名）共收入12900余个笔名。"编者苦辛，使人感佩，增订版收入笔名量竟是初版的两倍多，但亦仍不能是搜罗殆尽无遗。中国现代文学时间虽短，却浩繁如海，尚有待继续考证、挖掘和整理。大概刘植岩作品殊少，诗人创作身份极其短暂，因而其笔名未能收入其中亦未可知。

据专家研究，目前发现的沈从文先生的笔名有三十六个之多，而"上官橘"则是其专用于发表诗歌的笔名，那么他与刘植岩都用了同一笔名。"橘"与"桔"

二字可互通。上面提到的那篇散文诗《奔驰》之作者名大概是整理者将"上官桔"误作"上官橘"了罢。手头无《沈从文全集》翻检，因此无法断定此诗是沈从文抑或刘植岩之作，但就其文辞风格似更近于刘植岩。

原载于 2014 年 2 月 10 日《藏书报》

关于汪曾祺佚文

汪曾祺先生辞世翌年，其全集编竣，由北京师范大学出版社出版，共八卷，计小说二卷，散文四卷，戏剧一卷，其他一卷，是迄今收辑其文学作品最齐全的一部文集。遗憾的是，"全集"并不全，其早期作品几乎是一个空白。而这位晚年自称"抒情的人道主义者"的一代文学大师对自己早期作品评价并不高："这些作品都已散失。有人说翻翻旧报刊，是可以找到的。劝我收集起来出一本书。我不想干这种事。实在太幼稚，而且和人们的疾苦距离太远。"（《自报家门》）"悔其少作"态度明显。

1939年，汪先生辗转多地到达昆明，考入西南联大中文系就读，期间得到闻一多、沈从文等名师赏识和悉心教授指点，从而肇始其文学创作，沈从文先生对之帮助最大亦影响最深。沈先生在西南联大开设三门课：各体文习作、创作实习和中国小说史，教法特别而有效，鼓励学生自由发挥，常将学生习作细加批删评点，较成熟的自出邮资推荐给报刊发表，学生中尤为看重汪先生才华，据说某次课堂习作，竟给了最高分120分。汪先生受此奖掖,在西南联大乃至离校后,奔波颠沛之余仍勤于习作,多有发表。

对于汪曾祺这样一个中国现当代文学大师,我一直认为,最大限度搜集其佚文,包括题词、画跋、旧体诗与信札等,为其编定一个最为齐备的作品全集,其实是还原历史真实、保存和建设文化的一项必需的重要的工作,功德匪浅,如此,并不违背先生看法。时隔六七十年后,虽然当年刊载其文的旧报刊踪迹难寻,我们很难看到,但值得庆幸的是最近几年,学者苦辛埋首于故纸堆里钩稽搜集,其佚文被陆续发现,尤以早期创作数量最多,其40年代所作,有小说、散文、现代诗等多种形式,据称总数大约三四十篇,达二十多万字,将阑入新编订的全集中。《大家》《北京文学》《新文学史料》等杂志亦曾专门划出版面刊载其佚文,《新文学史料》甚至还发出《汪曾祺佚文佚信征集启事》,收到不少各方提供的佚文。

笔者就所见及的,谈谈载于书中的部分。苏北著《一汪情深:回忆汪曾祺先生》(上海远东出版社,2009年4月),附录收其散文《花·果子·旅行》《街上的孩子》《理发师》《他眼睛里有些东西,决非天空》四篇。解志熙著《考文叙事录》(中华书局,2009年4月),内收其小说十篇,分别为《悒郁》《灯下》《唤车》《烧花集》《最响的炮仗》《旛与旌》《书〈寂寞〉后》《斑鸠》《蜘蛛和苍蝇》《卦摊——阙下杂记之一》,在《汪曾祺早期作品校读札记》里还谈到他人另外找到八篇汪先生早期作品，李光荣先生发现的发表在《悒郁》之前的两篇作品：《翠子》和《钓》。陆建华著《私信中的汪曾祺》(上海文艺出版社，2011年5月)，内收汪先生致信三十八封，而《全集》仅收家书十六通，致友人十通，其余散失或藏于他人处的应该更多。汪朗、汪明、汪朝著《老头儿汪曾祺》(中国青年出版社，2012年1月)里所谈到的备受闻一多赞赏的替同学所作的读书报告《黑罂粟花——〈李贺诗歌编〉读后》、小说《河上》和《匹夫》、长诗《消息》和《封泥》等。此书还提到，汪先生早年曾用过一个笔名：西门鱼。蕴意何指，殊堪玩味。

  1939年至1949年，是汪先生文学创作的重要的准备期，起点不低。平心而论，这些佚文，并非如他自说的那般"幼稚"，亦非"和人们的疾苦距离太远"，而是努力探索实验，技巧形式多样，辞句凝练，风格唯美，虽略显伤感，有的地方尚待雕琢，挖掘不够深入，但其视点独特，深切关注民间而悲悯底层，其文学价值不容低估。读者阅览，自可从中一识青年汪曾祺的横溢才华，窥见其从事文学创作的端倪及流变，由此亦可得知其于中国现代文学取得的不小成就之渊源。

原载于2012年4月10日《攀枝花晚报》副刊

关于谷林之书

谷林先生离去，止庵在先生集外文集《上水船（甲乙集）》编后记末称："先生逝世后，不止一位读者要我编一部《谷林集》。我想凡事先难后易，把集外文编得了，将来与作者生前出版的《情趣·知识·襟怀》、《书边杂写》、《淡墨痕》（删去插图）、《答客问》（删去附录二、三）和《书简三叠》合在一起，就是《谷林集》了。"由此可见读者喜爱先生文章之一斑，亦大致知晓其面世的几乎全部著作，不过却漏掉了《谷林书简》。此书系"凤凰台读书文丛"之一种，由南京师范大学出版社2009年10月出版，内收先生致友辈信笺二十七人计二百八十七通。查止庵此文定稿于同年11月，付印在即，大概是未及见此书而有此说，容有小小补缺。谷林先生书简亦与其读书文章一样精致，京中老期刊杂志收藏家、书话家谢其章曾撰专文《不好诣人贪客过，惯迟作答爱书来》给予厚赞。此书与《上水船（甲乙集）》面世均在先生身后，遗憾老人无法亲晤了。

谷林先生读书极痴迷极闲杂极纯粹，似乎漫无目的，出脱世俗而洗尽屑念，他只顾随兴趣使然，慢咀细味，瞩意平常不易察觉的微末之处，从一本书牵联出其他很多书，东一枝西一朵，彼此相互呼应，亲熟无碍，仿佛蔼然拈针，绵密地绣出一幅美妙锦缎，其华章烂然，自不须废辞。先生著作寥寥，除去标点整理的《郑孝胥日记》外，如今统共亦只得文集七种，且多是戋戋小册。算来亦大半随笔小品，绝无高台讲章，我们读来每见真知灼见那么引人沉醉而又增益不小，心底却总不知餍足但恨其少。其中，读书随笔类的《情趣·知识·襟怀》面世于1988年，《书边杂写》面世于1995年，《淡墨痕》面世于2004年，之间结集时日延宕之长，真可谓"无思无为"，其孜孜追求精致绝不苟且及淡泊情怀恰似其为人。余下的《答客问》和《书简三叠》则为在世时友朋不断热心催促代其编辑而成，老人却淡然视之有无两可。谷林先生况遇竟与张中行先生几分相类，皆属早年隐没不闻而晚华秋实，不同的是中行先生声名鹊起，坊间各种文集热闹畅销，谷林先生至今仍犹清寂静默。

遍观这七种书，装帧印制质量良莠不一。《情趣·知识·襟怀》属北京三联版，素白淡雅，品佳自不在话下，惟集名由他人越俎而定殊欠典雅，多年后老人还些许抱憾。最精美的当为止庵编定的《答客问》《书简三叠》和《上水船（甲乙集）》，正与其文章表里辉映。

最粗率的则为《书边杂写》了，纸质排印皆较差，校对草浮，错讹屡屡，但内收文章水平却最高最整齐，凡所谈书论人议事，篇篇笔致简练亦深且透，情厚意永，已臻炉火纯青化境。

闲暇灯下摩挲展看谷林先生书，不胜怅惘感慨，世间从此再亦读不到先生文章了。作为一个谷林先生文章嗜读者，他面世著作我幸已搜藏齐全，其间真不知费去多少苦心周折，尤以《情趣·知识·襟怀》与《书边杂写》最为难寻，以积十年之久方高价觅得，此二书简直已成为当今读书随笔的珍本了，而另五种因近年陆续推出，就比较容易购置了。我渴盼以后有人能将散落各处的关涉谷林先生行止学识的大小文章汇聚成帙，以便于较全面地认识其人探究其文。谷林先生的读书文章在当代无出其右者，当归于知堂、西谛、阿英、唐弢、耕堂、黄裳等诸人一脉，值得爱书人好好珍视去反复研读。

原载于 2011 年 1 月 11 日《攀枝花晚报》副刊

第二辑 展卷漫语

《金岳霖回忆录》琐谈

1995年7月,为纪念金岳霖先生诞辰一百周年,四川教育出版社推出由其学生整理编辑的《金岳霖的回忆与回忆金岳霖》,是书分作三部分,依序为"金岳霖的回忆""回忆金岳霖"和"金岳霖传略"并附录金先生年表。其中,"金岳霖的回忆"乃金先生应朋友姜丕之教授建议,自1981年开笔所撰回忆录,断断续续,迄于1983年止,共得四十九章,另在之后阑入其撰于1943年之《悼沈性仁》和撰于一九八二年之《琐忆》两个单篇回忆文。"回忆金岳霖"乃其故友、学生等在1982至1993年间撰写的回忆金先生之文,共计四十篇,撰者中有胡乔木、乔冠华、陈岱孙、贺麟、任继愈等极有影响力的人物。"金岳霖传略"则收入四种关于他的传记。是书对研究金岳霖生平、学术贡献和思想很有价值,当年仅印两千册,绝版已久。

时隔十六年即 2011 年 7 月，北京大学出版社出版《金岳霖回忆录》，乃抽出前书"金岳霖的回忆"部分单独成书加以重印。与原书相比较参看，原整理者对重印本已作较大调整，一是按其生平经历、生活志趣、与人交往之内容，将相近之章略归为三部分，二是将各章显得冗赘之标题进行精简，并重新划分了段落，看来更加条贯清晰，三是在书中随文插配许多金先生和当时交往人物等旧照，以增添读者认识；而两个单篇回忆文，《琐忆》则更名为《清华琐忆》，《悼沈性存》却未续收，不知何故。撰于原书"金岳霖的回忆"前之"整理者说明"则移于重印本书之末。金岳霖先生曾称其一生只写了三本书，即"比较满意的是《论道》，花工夫最多的是《知识论》，写得最糟的是大学《逻辑》。"(《谈谈我的书》) 均撰于 1949 年前，其实，不仅如此，这本回忆录亦可视作其第四本书，当是写得最有情趣的罢。

止庵先生撰文谈看《金岳霖回忆录》感受，云："但我却是第一次读到，用一句滥俗的话来形容，正是'获益匪浅'，特别是谈生活情趣那一部分，着实精彩。作者是有名的哲学家，写他的几部大著时不免谨饬端正，现在这些回忆片段却生意盎然，此老活得真是很有意思，很有味道。""此书无论讲到作联，品画，观树，看花，吃菜，穿衣，斗蛐蛐，养山鸡，等等，都是上好文章。若编当代小品文选，就中可采撷者不少。"(《"乍暖还寒时候,最难将息"》)其看法独具只眼。我们从此书,看到了作为哲学家、逻辑学家的金先生的另一面,不独有很高的思辨之才华禀赋,其文章亦上佳,简约、清畅而传神,最难得的是其中处处散逸着撰者对万事与物的豁然与情趣。他写回忆录不似他人那般郑重其事,巨细靡遗,他只写自己难忘的人与事,闲笔描画,仿佛片段,亦并不废辞,却透露着浓郁的感情与真脾性。金先生早年负笈异域,受过严格的西方学术训练,而其国文修养与功力亦很深,诙谐,幽默,好玩,无拘无忌。譬如他说:

"三十年代中期,送张奚若回西安,我写了一篇游戏文章:

敬启者朝邑亦农公奚若先生不日云游关内,同人等忝列向墙,泽润于'三点之教'者数十礼拜于兹矣。虽鼹鼠饮河不过满腹,而醍醐灌顶泽及终身,幸师道之有承,勿高飞而远引,望长安于日下,怅离别于来兹。不有酬筋之私,无以答饮水思源之意,若无欢送之集,何以表崇德报恩之心。兹择于星期六下午四时假座湖南饭店开欢送大会,凡我同门,届时惠临为盼。

门生杨景任

再门生陶孟和、沈性仁,梁思成、林徽因,陈岱孙,邓叔存,金岳霖启。"(《最老的朋友张奚若》)

又譬如他说:

"我最早认识他（陈岱孙）是我们都住在清华学务处的时候。梅校长南下，委托他代理校事。有一天我发现我没有手纸了，只好向他求救，给他写的条子如下：

伏以台端坐镇，校长无此顾之忧，留守得人，同事感追随之便。兹有求者，我没有黄草纸了。请赐一张，交由刘顺带到厕所，鄙人到那里坐殿去也。"（《陈岱孙很能办事》）此等轶事甚多，随拾一二即令人忍俊不禁，直欲喷饭绝倒。

皆说金先生如《世说新语》中人，有魏晋之风，赤子之心，逸闻趣事流布不绝，此番听其夫子自道，果真如此耳。

好书应再版，明年 2015 年即为金先生诞辰一百二十周年，有心人能否将《金岳霖的回忆与回忆金岳霖》中"回忆金岳霖"中回忆金先生文章进一步增扩并"金岳霖传略"之内容加以修订，合为一册重新付印出版，以此作为世间对他永久的怀念。

原载于 2014 年 10 月 20 日《藏书报》

《金克木集》志感

自书店拎回《金克木集》。归途，身边轻放着《金克木集》，好似坐着先生，温蔼平和，不发一语。《金克木集》函于一箧纸盒，厚厚八卷本，暗红硬面精装，封面竖长白色条框，中印先生头像。设色暗红恰好，沉稳庄重。先生殁去已十年矣，抚书不胜今昔之感，亦有一番怅惘。

净手后，将《金克木集》一册一册取出，堆叠于窗前案上，闲翻一遍出版说明、著者影像、文章目录，纸白墨香，难抑感慨。先生有新旧体诗、随笔小品、小说、自传、学术著作、翻译等，内容博杂精深，很多都读过，但仍如以往不敢赞一辞，唯存敬畏。坊间先生著作各种专集、选本实在太多，竟不知凡几。《金克木集》出版，整理并囊括了先生毕生著作，给先生一生学问一个总结，让爱先生文章的读者终于偿愿，功德无量。此集不称"全"，到底乃严谨，因未阑入日记书信耳。说来此部分极不易收集，而余则很感兴趣，盖因其更见本人真性情，惜乎不得。先生一生际遇传奇，奇人奇才，料想日记书信里有更多好玩意思。寒斋有关先生单本零册著作所购不少，无事常细看，很是喜欢，虽然并不容易懂得。

先生文凭仅小学，却自学并精通多国语言，精研学问，成卓然大家，让人惊叹。大道多歧，人生实难。读先生文章，沧桑流离的苦味里饱蓄浓郁深情，有着常人难以企及的豁达态度，学问在先生手中竟举重若轻，处处绮花丽草，生趣盎然，蕙风拂面，让人感悟不已获益无尽。先生文章又是幽默诙谐的，平易而深刻，仿佛无言含泪微笑，看一天好月，春华满枝，其理自现。忽然想到，先生身上其实是有着古希腊哲人之风的。古希腊哲人崇尚自由与真理，永葆对知识无穷探索的兴趣，超越了物质的拘囿与羁绊，追求精神上的满足愉悦，孜孜创造着人类的文明文化。他们是人类的星空。

遥想当年，订阅《读书》杂志，每期到手读到先生文章诚为一大乐事。印象最深的乃是《遥寄莫愁湖》一文，写情如此冷静蕴藉，却情深义重，人生与梦的反顾如此低回留恋难却。先生殁去之年，余曾发表一小文悼念。世间再无先生矣，但先生文章与诸多轶闻仍将流传不绝下去。逾十年，时逢先生文集面世，又废墨絮言，且聊表纪念。

原载于2011年9月20日《攀枝花晚报》副刊

重读鹤西书

鹤西先生（程侃声）的书我是常读的，总恨其太少，面世仅《野花野菜集》（诗文合集，1987年自印本）、《初冬的朝颜》（散文随笔集，上海书店出版社1997年版）、《鹤西文集》（诗散文随笔及书信翻译等，云南美术出版社2002年版）、《鲁拜集》（译诗集，世界图书出版公司2010年版）四种，前二种为其生前出版，后二种为身后亲友编辑出版，装帧非常精美。而《鹤西文集》乃囊括前二种又有所增补，其一生诗文虽然大致于此，但仍有很多遗漏。据废名曾为鹤西所撰《〈琴〉序》略知，其早年大概已编定诗文集但因故未能结集出版。

鹤西先生很早即展露文学才华，读中学便发表诗文，深得当时文坛名家叶圣陶等赏识，还翻译了嘉莱尔《镜中世界》、赫斯《梦幻与青春》、安德烈夫《红笑》和彭斯《一朵红的、红的玫瑰》四部西书。1929年，先生考入北平大学农学院，因译稿《红笑》出版一事在报上发表意见而被鲁迅先生批评，自此告别文坛，转向农学研究。他晚年回忆此事因自己年轻气盛而表达悔意。个中缘由，有韩石山《要是你愿意，不妨还记着》和《他是怎样离开文坛的》二文详加解析。先生远离文坛风雨和各类运动，偏居云南，后成为国际著名的水稻种质资源学家，取得相当大的科学成就，于耄耋之年安然而逝。幸耶不幸，后人已无从置喙。这里需要说明的是，先生告别文坛但并未停止文学创作，其选择从事农学研究，既是其本行亦是其喜爱使然，与喜爱文学一样相当。

其好友骞先艾曾在《秋日怀鹤西》（1984年10月）一文中道："我有点不解，几十年来，他根本没有发表任何诗文，一个很早就有成就的老诗人，虽然钻进了农业科学领域，发挥他的专长，业余仍然可以写点文学作品，为什么竟长期沉默下去了呢？"针对骞氏所惑，他寄赠自印本《野花野菜集》，并于1987年10月致信，似以辩解，有云："私意盖在以诗文集体现我这个人的另一方面，能窥见其人即可，不必求多，自己付印，是念及故人日益凋零……"又云："去年曾译Omar的诗一百余首，以小泉八云的论稿为代序。Omar这人的一生，颇与我有点近似，他研究数学和天文，也还是有点成就的，却写了几百首不合时宜的诗，盖亦自适其适者……"正是夫子自道。其实，先生所撰诗文除去早年之作，晚年书写依然不辍且已臻于成熟，余暇还选译了不少波斯诗人奥玛·海亚姆（即 Omar）《鲁拜集》中的短诗，只不过早无表现机心，而纯为自娱与抒发情感。其晚年文章，让人惊喜地"发现"了跟张中行、谷林等相似学问修养的文坛前辈鹤西先生，诸如扬之水、止庵、王稼句、沈胜衣等都对先生极为推崇。

鹤西先生早年诗文受废名影响很深，追求一种诗而禅的文学境界，清淡含蓄，素朴真挚，亲切而动人。其晚年写了不少随笔与旧体诗，深邃沉郁，炉火纯青，对时弊亦予以关注痛加揭示，流露仁蔼者的悲天悯人心怀，有着对人生和命运很透彻与通达的看法和感悟，而其诗文清淡之味一以贯之。前年购得《程侃声先生诞辰95周年纪念册》(2003 年)，由其亲属整理自费印成，薄薄一册，内收中外友人忆文等十余篇，从中得知先生生平遭际及为人，特别是尾篇先生的病中绝笔《花当春尽应辞树》，更是令人感慨不已。暑夏晴好，重又将先生的书一一取出翻阅，期望将来有心人能将先生集外诗文书信与其友人回忆评析之文等搜集齐备而重新出版一个较全的文集，以此更好地纪念先生。

原载于 2015 年 8 月 17 日《藏书报》

思痛记

——读《程瑞芳日记》

读《程瑞芳日记》（北京出版社，2016年1月），新近整理付印出版的。日记始自1937年12月8日迄至1938年3月1日，记录的是彼时南京国际安全区里发生的事情，日记者身兼金陵女子文理学院宿舍总管和南京国际安全区第四区难民卫生所卫生组组长。——"这是迄今发现的唯一完整保存至今的由中国人记录自己心路历程的血泪日记。"这部日记最后辗转到了成都金陵女子文理学院后方办学点生物系陈品芝教授手中，陈先生将日记加封面装订成册，并在封面上题写"1937年 首都沦陷 留守金校的同人一段日记 陈品芝"。

魏特琳、拉贝、东史郎诸人所撰有关日记早已公之于世，我读过，即如中国人类似日记，蒋公穀著《陷京三月记》（1937年12月13日至1938年2月27日）、《日寇燃犀录》里《地狱中的南京（地狱通讯）》（1937年12月14日至1938年1月11日），我也读过，而读这部日记仍令我惊骇。它们互为补充地印证着同一个事件。这体验是相当独特的，在和平境遇里，作为一个中国人的心理感触。日记是日记者一人的记录，并无添饰与创造的必要，其本人也没想过要公开，至少对于程瑞芳而言，这是相当痛苦的书写经历。我注意到其中许多讹字、脱字（整理者补齐了），正可反映日记者内心的悸动，在那样艰危情况下，文字如此朴素，其叙述带来的震撼却超越了文学以及影视资料的表现。譬如1937年12月17日所记：

"现有十二点钟，坐此写日记不能睡，因今晚尝过亡国奴的味道。""这种亡国奴的苦真难受，不是为民族争生存，我要自杀。"日记中也对汉奸及少数难民的行为流露愤恨与不齿。

几乎每天都见到死亡，譬如1937年12月17日所记：

"今日又死一小孩，久病的。生的、死的、病的差不多每天都有，差不多上万人，此等事难免。"又，1938年1月5日所记：

"十一月到今日一共死了三个大人、九个小孩，生的一共一八〔十八〕个，一天到晚不是忙病人就是忙死人和生的小孩。"

非正常的死亡，耳闻目睹，已是司空见惯的事。而这记录的只是其中很少的例子。南京沦陷后穷尽人类所有形式的恐怖与暴力，是人之耻、中国人之耻、人类之耻，它已脱离了正常的想象。这些之于极端暴力的叙述，令人倍感煎熬，充满绝望，它直指我们对人性成分的巨大疑惑。如此真实与黑暗，无法使人安然面对与承受。

记得约翰·伯格在1981年所撰的一篇随笔《广岛》，关于1945年8月6日广岛遭受原子弹爆炸的思考。他在文中说道："但是在重复地观看它们之后，最初的感觉变成了肯定。这是地狱的形象。""这精神的相通在于痛苦的繁殖程度，在于祈求或者援助的匮乏，在于残酷，在于悲惨的平等，在于时间的消亡。""只有忽视或者别过头去，我们才能相信这样的邪恶是相对的，因而在某些条件下是情有可原的。在现实里——幸存者和亡者作证的现实——它永远不可能得到辩护。"我忽地惊讶地发现，以上看法同样适用于《程瑞芳日记》叙述的事实。悖论的问题是，一方是侵略国，一方是被侵略国，但战争由此引发的伤害并未单单倾向于被侵略一方。在历史的因果演变关系上，侵略国也不可能幸免于外。

约翰·伯格在文中说道："必须被救赎、被重新置入、被揭露，而且永远都不容许遗忘的是另一个现实。"而读这部日记，我想说的是，被救赎、被重新置入、被揭露，而且永远都不容许遗忘的现实，不仅仅是心灵伤痛与记忆与历史。我感到自己就是一个幸存者，从1937年12月13日南京沦陷起始，我一直活到了现在。

原载于2016年3月2日《攀枝花晚报》副刊

抗战中看河山

——读杨钟健先生游记

新近购得杨钟健先生所著游记小册《抗战中看河山》之首次再版本（三联书店，2014年4月），是书1944年由独立出版社初版，距今已整七十年。此乃先生的第三种游记，前二种分别为《西北的剖面》(1929年至1931年，记游冀、晋、陕、绥远、察哈尔、新疆、东北三省等)、《剖面的剖面》(1932年至全面抗战发生前，记游豫、甘及长江流域与珠江流域诸省)，这一种正好衔接前二种，记录1937年7月至11月滞留北平，及离平后至1943年间到湖南和西南诸省及新疆再游之事。

1943年7月，先生在重庆北碚撰此书之序称："与朋友们谈及，到现在为止，所没有到过的地方，只有福建与西康两省及外蒙古与西藏两个比较特别的区域。"其足履几乎遍及整个中国。他又解释游历目的："我们所走的地方，不只是一些城市，而大部分是穷乡僻野，甚至荒山流沙；我们所观察的，不只是风土人情、山水名胜，而大部分是山之所以成、水之所以来，及其他自然上许多问题。"先生是享誉世界的著名古生物学家和地质学家，其性喜游历并撰述，泰半还是因为自然考察与研究的工作需要，除科学研究专著与论文外，他一生共写了七部游记。

古今游记佳篇多矣，不胜枚举，但猎奇与炫耀的弊病亦自不少，沿袭他者之说而无一己发现，每见矫情与作态，自然清新本色朴实之作诚为难能。我一向喜读中国现代非文人知识分子的游记，盖取其忠实于人情物理的科学态度，且身处特别变动的时代，感受尤为深切，非无病呻吟也。先生是书撰于抗战期间，民族社稷危亡之际，亲历丧乱流离，其中所蕴切肤之沉痛，就显得更其真实恳挚，因而弥足可珍。他在序中谈及对游记的独到理解："对我们山河进一步的认识，殆为一般国民所必要努力者。达到此目的方法很多，而深刻叙述的游记文学的提倡，也是重要方法之一。"且举百年来，西方深入中国腹地详细勘察了解的反例阐明地理与游记知识的重要。这正是基于目睹大好河山半壁已沦落敌手的惨况现实而发自肺腑的警语，其沉痛无以复加，其爱国之心可鉴。在如此艰困境遇下，先生仍坚持不辍开展科学考察活动，正是借此为国家文化保存元气，为中国科学发展竭力贡献之举，令人感动钦佩。

先生称是书："今题名曰'抗战中看河山'，以示纪念此神圣战争之微意。"又谦逊称:"今虽名本集曰'抗战中看河山',然河山如此之大且美,我们看者,不过沧海一粟,故不得不仍本前义,提起读者注意,即其中所述所记者,亦只能谓之曰'剖面的一角'而已,未敢云足以供读者之所需要也。"集中共六辑,约十万言,依序为:《再见吧!北平》《湖南七月记》《云南初印》《西南漫话》《川陕旅话》《新疆再游记》。记得刚读毕是书第一辑时,大有冷水浇背之感,先生琐记身处故都北平沦陷区的诸种情形及满怀信念发出"中国必不会亡,必可复兴"之一呼,实在令人难忘。此书面世翌年,即1945年9月3日,浴血抗战十四年的中国终于迎来了最后胜利。

原载于 2014 年 6 月 10 日《攀枝花晚报》副刊

离乱弦歌忆家国

——也谈《巨流河》

2010年10月,近二十五万言回忆录《巨流河》中文简体字版首次印行,此番再拾重读,仍是感慨无尽。著者齐邦媛先生提笔初撰是书时,已届八十高龄,究其缘由,其在自序中作了细致交代——"中国人自二十世纪开始即苦难交缠,八年抗日战争中,数百万人殉国,数千万人流离失所。生者不言,死者默默。殉国者的鲜血,流亡者的热泪,渐渐将全部湮没与遗忘了。""我惊觉,不能不说出故事就离开。"为了抗拒遗忘,恒久铭记一生难忘的经历,所以坚持"一笔一画写到最后一章",因为"那是一个我引以为荣,真正存在过的,最有骨气的中国!"是书夜以继日,不辞辛苦,增删修改,历时四年终告完成,其历史与文学价值无需赘言。

巨流河乃是清代辽河之称,亦即著者故乡大河,以此名书,蕴寓深意焉。通览是书,共十一章,依据内容似可略分为两大部分,前部分著者求学身处乱离,后部分生活工作安稳充裕,两相情形对照强烈。第一至第五章讲述自东北随家奔亡辗转流离大陆岁月,其中尤以抗战时期最为重要,余下章节则为南下渡海徙台、赴欧美留学、传播文化而终老于台。东北与台湾俱为沦陷区,历史剧痛相似相仿,是书前言著者说道:"我生长到二十岁之前,曾从辽河到长江,溯岷江到大渡河,抗战八年,我的故乡仍在歌声里。从东、西、南、北各省战区来的人,奔往战时首都重庆,颠沛流离在泞泥道上,炮火炸弹之下,都在唱:'万里长城万里长,长城外边是故乡……'故乡是什么样子呢?'我的家在东北松花江上……'唱的时候,每个人心中想的自己家乡的永定河、黄河、汉水、淮河、赣江、湘江、桂江、宜江,说不尽的美好江河,'江水每夜呜咽地流过,都好像流在我的心上'。"末笔归结于台岛南端鹅銮鼻灯塔下的垭口海,"海湾湛蓝,静美,据说风浪到此音灭声消。一切归于永恒的平静。"真是意在言外。我们一一读来,竟无限沧桑,正自凭感历史之惊心动魄、波折跌宕,一个人的耳闻目睹亲历感触是私见,却映带出宏阔的历史风云长景,是书处处落脚于家国之思,抒写苦难与积极奋争,有着史诗般雄奇的辉芒。

王德威先生在书后《如此悲伤,如此愉悦,如此独特——齐邦媛先生与〈巨流河〉》一文里对是书有精到深入的鉴赏评论,称其为"惆怅之书",描画了一群"失败者",余以为,这更是一本"反抗遗忘之书""爱国之书",记下在中国现代特别多难且艰困时期警醒而奋起为国家与民族付出血泪和生命的那些人那些事,要为后世留见证。不以成败论,凡为国家富强与民族独立奉献一点一滴者皆值得我们尊重景仰。著者在书中所记无论显赫名人抑或普通学生、著名学者和教授乃至引车贩浆之流等各色人行止,皆鲜活生动,如在眼前。其行文笔墨相当值得称道,克制、简约、传神,清晰不紊,条贯晓畅,而情意流于纸面,譬如王德威先生亦曾征引,齐氏其父齐世英先生自南京沦陷后逃离至武汉与家人重逢,"那一条洁白的手帕上都是灰黄的尘土……被眼泪湿得透透地。他说:'我们真是国破家亡了。'"令人欲大恸哭,未亲身经历那年代的中国人是无法感知这种忧患深愁的。而仓皇乱离中的爱情更令人欷歔震动,譬如著者一生怀念张大飞,那个内心深藏巨大创伤和国仇家恨的年轻英俊的国民党空军,始终忠于国家,对自己暗恋之人始终起于情而止于礼,加入飞虎队,坦然面对死亡,最后与敌作战陨落于河南上空,年仅二十六岁,那样朴素真挚的深情与坚毅亦是现代人所无法体会的。凡此种种,不胜枚举,给读者很深印象,那时的中国人,身处最黑暗最动荡最残酷年代,年轻心灵过早成熟,耻于沉湎一己的情感小天地与放纵声色犬马,仍保持乐观期望,不惮于生活维艰,思考的是国家和民族的前途与命运。此书以著者出生、成长、求学为线索,显见彼时对知识文化的无上尊崇。更有不同凡响处，乃是淡化了政治意识形态，避开不同见解，站在一个宽和平视的角度，写出了苦难虽不断加诸于吾中华民族，但千千万万中国人并未沉沦，而共同迸发出的努力抗争向上的精神和风貌，尤可补正史之不足。

《巨流河》这部回忆录，写下的是彼时有尊严的中国和集体的有尊严的中国人。读毕是书掩卷而思，目今的中国虽仍未真正实现国家统一，但阻遏不住迈向富强、民主、现代的进程，正有待于后来者继续奋进努力。

原载于2014年11月7日《攀枝花晚报》副刊

且说《当时光老去》

起初购回《当时光老去》(花城出版社,2009年1月)这本小书,是因为书名甚好,更因为里面有几篇文章谈到现代文学和新文艺活动中的知名人物,譬如现代诗人戴望舒、美术评论家黄蒙田和现代画家黄新波。后来认真读毕全书,发现除此外其文字亦佳,精致简练,几乎是纯粹的诗的笔墨,尽管文体略微驳杂,不过十万字之谱。

书中所记叙的人,皆已故去经年,能与之相识并结交存世者稀,如今作者晚年以朋友身份追忆旧时之事,得未曾见,因而显得弥足珍贵。最难得的是,文中勾勒出诸多琐碎细节,使之不被湮没,哪怕浮光掠影,对研究戴氏等人滞港期间活动经历,于裨补现代文学史资料方面亦有一定价值。如《寄望舒》里写到诗人赠送作者诗集、为之改稿、指引其走上翻译之路等事,及诗人离港之际情形:

"我们最后一次见面,是1949年3月你离开香港北上那天。你匆匆忙忙赶来找我,没有进屋,就在门口对我说，要走了。我问，什么时候？你回答，今天晚上，然后又加了一句，要我不可告诉别人。我望着你转出巷子的背影，怎么都没料到那就是永别。"

类此细节，不是想当然的杜撰臆测，真实有依据，非亲历者莫能，换了别人就几乎无法提供得出来，我们只是但恨其少，希望作者写得更多。作者怀友文章计三篇，皆不长，分量却不轻，始终统摄在一种深沉慨叹的氛围中，蕴藉着浓厚真挚的怀念与今昔存殁之感，令人泫然而低回不止。

著者陈实是翻译家，才华横溢，文学、音乐、美术的修养和鉴赏力同样深厚。如《寄望舒》里评说《白蝴蝶》：

"短短的四行包藏着极大的想象空间。因为空，可以安置各种风景人物；因为白，可以涂抹任何彩色，而且景物色彩可以随时随意更换、变化，或者还原为空白，但是你在书页里只看见寂寞。不过，我想寂寞未必完全不好，寂寞本身可以自我完满为一个小小世界。"虽是闲语，却很得要领，简素描出了原诗境界。

书中《季节》《死亡的故事》《嬗递》《音乐印象》《读画》等辑篇什亦然，以散文诗体式抒发感悟，既深刻亦新奇，撇弃了肤浅泛论，哲理味较重，有着一己对生活和艺术独异的识见和思想。特别是《新波的油画》一辑，受画家后人所托，整理其散佚的油画配以文字，在细味画意的同时予以深度阐发,堪称知己之论,提醒世人还应充分重视其版画之外的油画所取得的极高成就,读者很能感受到作者为保存推荐友人遗作以传世的一颗苦心。另,书末《有寄》一辑,收录了作者五首新诗,深情自然流露,《父亲》一首最令我感动。

这本小书,虽较多述写死亡与回忆,渊静深哀,冷冷气质,冷之掩藏下其实是广博宽厚的悲悯与温爱。

原载于 2011 年 4 月 12 日《攀枝花晚报》副刊

晚晴春华的美丽鱼雁

——读《邂逅相遇：梅娘·芷渊·茵渊书札》

梅娘是与张爱玲并称的著名女作家，昔日文坛即有"南玲北梅"之誉。梅娘原名孙嘉瑞，早年身处东北沦陷区，十七岁即出版小说集《小姐集》，曾留学日本，以小说《鱼》《蟹》等闻名于世，著作颇多，是深受国亡家毁之痛饱经沧桑流离之变的文化老人，近年又有《梅娘近作及书简》面世。

这部《邂逅相遇：梅娘·芷渊·茵渊书札》（人民文学出版社，2011年11月）是梅娘居于京华与香江芷渊、茵渊两姐妹的通信集，书名由梅娘所取，摘自《诗经·郑风》里的句子"邂逅相遇，适我愿兮。"共收书札七十七通，其中梅娘三十五通，两姐妹四十二通。最早通信始自1997年，起因是芷渊配画，梅娘撰文，双方亲密合作，发表在中国香港的《儿童文学艺术》期刊上，期间梅娘去信对配画提出意见建议并给予指导。这些文配画之后结集成《大作家小画家》一书在中国台湾出版。

梅娘初次致信芷渊即说:"我很喜欢你画中的感情",后来给两姐妹信中又说:"真愿意和你合作,我们这一老一少的友谊来自相知相信";"我们隔着漫长的生命之旅,在青春与岁暮之间行走交流";"我们为彼此给予快乐而相依,这是生命中最宝贵的感觉,更是岁月中的缤纷色谱。"等等。可见,梅娘与之通信实是"暮年上娱",非常惬意愉快。

两姐妹父亲是画家,她们从小亦爱画能画,受到良好家庭教育和艺术熏陶,待人礼貌善良,学习用功刻苦。与梅娘相识,通信遂不可遏止,持续下来,迄今竟有十余年之久。如今梅娘已步入耄耋之年,而两姐妹也由小学生成长为有为青年。我们看这部通信集,文字朴实无华而真挚,不乏幽默意趣。长者慈爱流露,不倨傲自居而轻视幼者,以亲历种种谆谆诲之,给予呵护鼓励,饱含殷殷爱惜之情,而两姐妹亦纯真如璞毫无隐晦地将生活、学习里所遇的欢喜、烦恼和困惑一一如数倾吐,以获教益,彼此融融泄泄,仿佛沐着春风如面谈,很是动人,展现了一种莫逆于心的坦诚无隔,一种美好与温暖的深情。人生路上有此忘年交的佳缘真是让人好生歆羡与嫉妒。

张中行先生在《〈梅娘小说散文集〉序》中赞许梅娘的文学创作:"作者其时是个大姑娘,而竟有如此深厚而鲜明的悲天悯人之怀。我一向认为,走文学的路,面貌可以万端，底子却要是这个，她有这个，所以作品的成就高，经历的时间长仍然站得住。"在这部书信集里，梅娘是这样理解"悲天悯人"之意的："'悲天'既是对环境的满怀憧憬，满怀期望，更是应该自恰为不懈的努力；'悯人'是对人的肯定与尊重，含有无尽的爱心，为世界送致温馨。""有悲天之怀，才能胸襟坦荡；有悯人之情，才能着眼苦难。"

梅娘还有许多发人深省的话，让人读了获益不浅，亦正是"悲天悯人"的底子。譬如：

"保持着前进，就是对时光的酬答。这来临的每一步，都应该伴随着收获。"

"生活道路漫长，什么不如意的事情都可能碰到，但是有孜孜以求的精神，便会遇难呈祥。"

"要始终拥有追求善与美的意念，沉稳和耐心便是最好的基石。沉稳将导致你掌握分寸，耐心将帮助你学会宽容。掌握分寸，懂得宽容，你的生命将充实、美好。会在一切挫折前不气馁，能够继续前进。"

"不论知难还是行难，能相辅相成最好。"

"我一直坚信，一个民族的成长，关键在女人。女人就是爱的播种人，努力做个爱的使者，为事情增加和谐，也为自己收获快乐，这才不辜负上天为女人的安排。"

"不要以自己的强项凌辱对方，而是求其相融；不要以自己的弱项求全,而是相磋。"

此外还谈到腊八粥风俗,谈到蓝衣衫,谈到自己早年经历,谈到张爱玲,谈到编写连环画《格兰特船长的女儿》脚本,谈到浮世绘,谈到歌舞剧《觉》,谈到自己晚年学习电脑上网等等。

晚晴春华的美丽鱼雁,往返来去,负载了人生一段很重要的光阴。

原载于 2012 年 2 月 4 日《攀枝花晚报》副刊

黄昏，看《北平笺谱》

阴翳欲雨，云压得很低，空气郁热，这个周六的黄昏无非是这样：闲暇里加一点点寂寥，你立在窗前观览天色，不经意想到"销夏之书"。是的，找一册适宜的书物，翻翻，兴许可以暂忘漫长溽暑。所谓"销夏之书"，在你，看画总胜于读文，心底幽然生起旷远之思，大概这即是获取静谧与清凉的好途径罢。你挑了一部《北平笺谱》。现今几乎少有人在彩笺上写信了，笺纸已成为一项玩赏。在往昔，一叠宣纸，印刻上彩色的人物、器皿、山水，以及草木花卉鸟兽，等等，如此隽美，朴拙亦可爱，满是书卷气，执笔者购之于其上远书。然而现今，谁能忍心在上面落下一行行墨迹。世间所有坚牢之物面前，笺纸何其轻微与脆弱，有的却保存下来。

1933年，鲁迅与郑西谛在北京琉璃厂荣宝斋、淳菁阁、松华斋、静文斋、懿文斋、清秘阁、成兴斋、宝晋斋、松古斋、荣禄堂十家斋馆广为搜罗笺纸藏版，从中精选三百三十二帧样纸，延请名手镌刻，分为博古、花卉、古钱、罗汉、人物、山水、花果、动物、月令、指画、古佛、儿童画等类，合编成一册，由沈尹默题笺，魏建功抄写鲁迅所撰之序，郭绍虞抄写郑振铎所撰之序，书后附郑西谛《访笺杂记》一文，线装精印一百部，编号，且签上鲁迅郑西谛之名，此书非售买而赠送诸友人。早已神往这部珍籍，如今手头所得亦只是平装影印本，但已聊堪慰藉了。《北平笺谱》与明人所辑《十竹斋笺谱》《萝轩变古笺谱》并称为三大笺谱，被誉为图画、镌刻、印制三绝，现今藏书界目之为民国书籍善本。简直可与宋椠元刊等量齐观了。

　　书桌上一钵兰草，低低垂着纤叶，《北平笺谱》轻轻摊开着。你洗净双手，轻轻地从左往右一页一页看下去。黄昏的光景映在纸页上，竟有一种奇异古气。而这古气却是一种久违的亲稔之感，你并不觉陌生。这是一个中国人的文化传统的前世因缘与神思冥契。笺纸上所印大多皆是普通物什，与现在的没什么不同，看来则非常生动鲜活。而所设之色，素朴，质拙，相比国画之作，又是民间的，平常的，清韵拂拂，毫不矫情造作，散溢健康的雅意。在毛笔、砚台与墨之外，笺纸独立着，实用功能早已脱离殆尽，惟展现木刻圆满与恒久的艺术魅力。有的书再经一百年后亦不会过时。你的指尖轻轻摩挲过那些笺纸。

此时，朋友来了电话，问在读什么书，你答道：

"在看《北平笺谱》。"

"噢！"她颇感惊讶。

"你喜欢兵器啊？"她不知《北平笺谱》。大概误为是什么刀剑之谱。

你笑笑，于是简单地作了解释与介绍。

"噢！"

"你平常爱看画，这笺谱可不比东瀛浮世绘逊色啊，是我们中国传统版画绝品！"

黄昏愈发浓郁了，光线柔蔼，雨仍未下来。你忽然想起鲁迅先生，想来先生彼时与郑先生一起搜罗笺纸时，并不以为苦辛，心情一定是很愉悦罢。《北平笺谱》是鲁迅先生的一个梦与夙愿的实现。那么酷嗜美术绘画的一个人，从小就兴趣盎然去描摹旧小说里的绣像与古笔记里的草木鸟兽图，以后弃医从文，又倾力倡导中国现代美术，在现代书籍装帧、版画木刻等方面都有极深的造诣与开拓性见解，他的眼光是世界性的。他一生购买了大量美术方面的书籍，内容涉及古今中外。记得，小时看《朝花夕拾》，见到里面几帧先生亲手所绘的插图，印象最深的，即是其中一幅"活无常"，执破扇跷脚而歌，多么神韵！一页一页品呵《北平笺谱》，爱不忍释，你的眼光常常停驻，其间仿佛浮现鲁迅先生的脸，清俊，留着短髭，目光那么冷邃，清澈的冷邃。那天，是书编辑付梓而成，静静搁在书桌上，他点了一支烟，唇边一定浅淡微笑，或者小酌一杯亦未可知。

原载于 2015 年 7 月 20 日《攀枝花晚报》副刊

漫谈《大雪》

在鲁迅先生所辑《近代木刻选集（二）》中，偶尔看到一幅题曰《大雪》的黑白版画，竟很是喜欢，画面是——漆黑夜空，雪点细密漫舞，树林之下积雪深厚里错落着三五房舍。曾荐与一个朋友看，她亦觉好，赞许道："静穆之美！"《大雪》列于画集之第一幅。在画集附记里，鲁迅先生这样介绍：

"格斯金（Arthur J. Gaskin），英国人。他不是一个始简单后精细的艺术家。他早懂得立体的黑色之浓淡关系。这幅《大雪》的凄凉和小屋底景致是很动人的。雪景可以这样比其他种种方法更有力地表现，这是木刻艺术的新发现。《童话》也具有和《大雪》同样的风格。"《童话》是格斯金另一幅版画，画中，稀疏树林，一个着长裙少女曲腿而坐，近旁蹲踞一只小狐，面前是一只白兔，不远一株树上则栖了一只鸟，不知本于哪个童话故事，黑白色运用亦相当精妙。

《近代木刻选集（二）》于1929年3月出版，内收版画十二幅，其中英国六幅、法国两幅，德、俄、美、日各一幅，选自英国杂志《书人》和《画室》，其小引侧重介绍了"木口雕刻""木面雕刻""复刻板画""创作板画"等问题。而之前《近代木刻选集（一）》则于同年1月出版，内收版画十二幅，其中英国六幅，法、美各两幅，意大利、瑞典各一幅，选自英国《更小的动物》一书，其小引介绍了一段木刻史，以及它的种类和创作法等，是鲁迅先生编印的中国现代第一本版画书。两集所收版画幅数一致，均为十六开本，红线穿眼，铜版纸精印，由朝花社印行，阑入"艺苑朝华"之丛刊，各印1500册，早已是民国版画书籍之珍璧。

鲁迅先生一生编定的中外画集达十五部之多，其中多为木刻与版画。而作为中国新兴木刻运动的导师，木刻与版画对先生杂文笔法之影响又是个有趣话题。民国时期，单以国别所编选的版画集，除了鲁迅先生相继编选的《新俄画选》（1930年5月，收绘画与木刻作品共12幅）、《引玉集》（1934年5月，收59幅作品）和《苏联版画集》（1936年7月，收172幅作品）之外，尚有萧乾先生编选的《英国版画集》，1947年由上海晨光出版公司出版，依次分作彩色版画、人物、风景与建筑、花卉、动物、飞禽和虫鱼及其他七卷，共一百零二幅作品，是彼时唯一的英国版画集。原版今已稀见，2000年山东画报出版社依据原版进行了重印。另有版画家王琦编选的《法国木刻选集》，1948年由开明书店出版，内收版画作品二十幅，数量虽少，亦为彼时唯一的法国木刻作品集。这寥寥可数的几部外国版画选集，给不少青年木刻版画家提供了丰富的技艺借鉴，极大开阔了他们的艺术创作眼界。

话题回到《大雪》。鲁迅先生对其评论虽简约数语，却很是精道，但我看此画却感不到凄凉意味，画中右侧独独一株主干偏斜而仅存半边枝叶之树却似见寒风之烈。此画大片黑色夜空略占画之上部分三分之二，白色雪地房舍略占画之下部分三分之一，对比优美，线条自然清劲，如此构图正托显出夜空之瀚然神秘，予人幽远之境。我们想象，静寂里，窗外风雪飘洒，屋里一定灯暖人笑语，或许围炉品茶烤野栗亦未可知。而关于格斯金生平，遗憾所得资料实在太少，亦未见国内引进印行其画集。只知道他1862年生于伯明翰，1928年逝世。"在艺术学校读书并留校任教。格斯金除了是个插图画家，还是珠宝设计师、银器设计师、油画家。他为Kelmscott出版社的图书所作的黑白插图有时也在伦敦的威廉姆·莫里斯画廊展示。"（《藏家鲁迅》，2009年8月上海文化出版社）惟祈愿他日有缘购得其画集好生拜赏一番。

溽暑苦夏将至，设若能寻访到《大雪》原版翻印件，将之装框并悬置于书房白壁上，在看书倦怠时偶尔看看，大抵可得清凉以妥帖心神罢。

原载于2016年7月11日《攀枝花晚报》副刊

网外珊瑚,至为可珍

——读《陈师曾漫画》

春日长假有暇,趁便补读未竟之书,《陈师曾漫画集》即是其中之一。此书2009年12月由黄山书社出版,距今已有些年头,此番重新拾出闲览,仍感兴味。是三十二开本一薄册,装帧甚雅致,封面白色作底,靠左一暗红竖条,上印丰子恺评语:"即兴创作,小型,着墨不多,而诗趣横溢。"并一微缩的陈氏漫画《落日放船好》,右则印陈氏自画像,下方为书名,其中"漫画集"三字烫金,旁缀一陈氏朱红钤章。

1912年4月1日,《太平洋报》创办于上海,陈师曾应友人、该报文艺副刊编辑李叔同之邀,自创办之日起即开始投寄发表绘画作品,迄于同年六月,因李叔同离开报社而终止,共刊出六十幅。由于当时极少称"漫画"一词,这些画作惯常名为随意画,实乃中国近现代漫画之肇端。1985年,编者在翻阅《太平洋报》时,偶尔发现陈师曾这批作品,为之激动欣喜,叹谓"网外珊瑚,至为可惜",随即埋头钩沉稽佚,整理后多方谋求出版，历二十余载方使之再度面世。此书中国近现代美术史资料性与文献价值不言而喻，除这批漫画外，前一至六页，分别是陈氏照相、自画像、手迹以及李叔同为陈氏书法篆刻集所拟一则陈氏小传和两幅题字，书后附录陈氏为苏曼殊小说《断鸿零雁记》插图五幅、为李叔同制印一方及为《美育》杂志所作两期封面画。

陈师曾生平和在中国近现代美术史上的成就地位兹不赘述，其生前身后有论著《中国绘画史》和《中国文人画之研究》、书画篆刻作品集《北京风俗图》《染仓室印存》和《陈师曾画铜》等面世，而其早期漫画创作却鲜为人知。说来，陈师曾这批早期漫画，无论绘景写物抑或画人，多以简笔，而意蕴颇长，间以暗讽，皆书卷气息浓郁，但已脱出传统窠臼呈现新意。目前，中国共有四部中国漫画史研究著作出版，依序分别是李阐著1978年版《中国漫画史》（台湾世系出版社）、毕克官著1982年版《中国漫画史话》（山东人民出版社）、毕克官和黄远林合著1986年版《中国漫画史》（文化艺术出版社）以及甘险峰著2008年版《中国漫画史》（山东画报出版社），编者在前言里抱怨前两种（亦含《中国漫画史话》）对陈师曾几乎只字未提，究其原因盖由研究资料缺乏所致。时至1992年版阮荣春和胡光华合著的《中华民国美术史》，虽亦为其设立专章，但对其漫画创作仅提及《墙有耳》一幅而已,不能不说是缺憾。笔者查阅甘著,则情形已大为改观,于是书第二章第五节"清末民初漫画家及其作品"即为陈师曾设立专章予以论述,称"陈师曾应该算是中国现代漫画的鼻祖"。中国美术馆藏陈师曾1909年创作的漫画《逾墙》,是迄今发现的陈氏最早的漫画,上端题词中说:"有所谓漫画者,笔致简拙,而托意俶诡,涵法颇著。日本则北斋而外无其人,吾国瘿瓢子、八大山人近似之,而非专家也……"可知"漫画"一词彼时已出,陈氏亦曾师习过日本浮世绘大家葛饰北斋。1914年至1915年,陈师曾创作《北京风俗图》三十四页,为其带来极大声誉,此为传统画法与西洋技法的完美结合,是开创中国现代漫画的经典之作。20世纪50年代知堂还曾两度撰文,在上海《亦报》上发表《北京风俗画》和《陈师曾的风俗画》予以赞赏。

1923年陈氏病殁,年仅四十七岁。论家曾多次指出丰子恺漫画学日本竹久梦二,殊不知,丰氏还学过陈师曾。多年后,这位中国现代漫画一代宗师在《我的漫画》一文里深情回忆到:"我小时候,《太平洋报》上发表陈师曾的小幅简笔画《落日放船好》《独树老夫家》等,寥寥几笔,余趣无穷,给我很深的印象。"

原载于2014年7月7日《藏书报》

画中民族魂

——读《王子云西北写生选 1940—1945》

晚清以降,吾国国势日益衰颓,域外势力不断觊觎侵染,西北因地处偏远,政府尚顾及不暇,历史文化古物被毁损盗攫更其严重,忧患有识之士乃不辞辛苦跋涉前往考察和记录,希冀借此维继民族文化之遗脉。迄于民国,有关西北之行记著述甚夥,非独游踪琐笔,多兼备地理社会和文化考察,蔚为大观,不下数百种。而这部《王子云西北写生选 1940—1945》,却是身为美术家的另一种方式的著述——以画为手段,描绘沿途亲历所见。王子云先生是中国现代美术运动先驱,20 世纪 20 年代初即从事美术研究与教学活动,曾参加北平阿博洛学会,组织成立红叶画会,任林风眠主持下的西湖国立艺术院教授,为艺术运动社骨干,30 年代又远赴巴黎专习雕塑,其作品引起法国美术界瞩目。

归国后,为保护抢救战火中散布全国各地的艺术遗产,先生组织并亲率西北艺术文物考察团,于 1940 年 6 月至 1945 年 8 月,对川、陕、豫、甘、青五省等重要的古美术遗存进行考察、记录、测绘、椎拓、石膏翻制等，此举亦极大开拓了中国美术考古和美术史研究。旅次间，他还大量写生，主要内容一是唐帝王之陵与佛像石窟，另一是当地自然景观、风土民俗和少数民族人物，但大多已毁失。此画集共收八十四幅，只是其中部分，既有小品，亦有长幅。这些画作大多缀以作者题记，寥寥十余字或百字不等，譬如《送军粮途中的宿营地》，题记曰："豫中大地遍布义务支前的军麦车，千里跋涉，露宿野炊，无怨无悔，足显中华民众抗战之决心。"时正值抗战中晚期，举国境况异常艰困，万众一心御敌之行动可窥一斑。

先生这些写生多为油画，功力极深，真实生动，简练传神，而挚诚可鉴，无论写景抑绘人，皆风格写实且施以浓彩，西北风情浓郁，用西方技法表现了彼时民族多姿生活和艰苦卓绝不惧强寇拼死抗争的坚毅精神，时代风云印痕宛然其上，饱蕴一片爱国之心民族之魂。尤其是《汉茂陵全景图》《唐太宗昭陵及其陪冢图》《唐五陵全景图》《唐十八陵全景图》《大同云冈石窟全景图》《洛阳龙门石窟伊水西岸龙门山全景图》《兰州白塔山全景》《敦煌莫高窟石窟群外景图》《焉支祁连山合图》《三危山与鸣沙山全景图》《新疆拜城克孜尔千佛洞外景图》诸长幅，气势恢宏绵延，真实再现了祖国山河和文化的瑰丽壮美，给人极大鼓舞与向上之力。李松代序还称其弥足珍贵处在于:"这些写生画并不是一般意义上的美术作品,除了其本身的艺术价值外,更值得称道的是它绝无仅有的资料性。"这些画中之景于今多已荡然无存,幸得纸上永驻其风采繁胜。

当初购得这部画集,浅陋如斯竟对王子云先生一无所知,惭愧之余,于是认真拜读,为之感佩不已。抗战胜利六十周年之际,广东美术馆举办《抗战中的文化责任——西北艺术文物考察团六十周年纪念展》,这些尘封已久的劫后余存始得以集中整理出版。画集封面正中乃先生坐像,长髯,素衣,质朴严整,目光远去,静默且悲悯,端然一代宗师之气象。先生一生论著勤勉,影响至巨,桃李遍天下,弟子中很多已成为中国现代美术大师。

原载于2013年9月3日《攀枝花晚报》副刊

醉在"紫藤架"下

——细品汪曾祺题画语

汪曾祺先生的文章我很爱读。有一回,闲翻他的书画影印,忽然看见那些题画语,细细把玩,觉得意味深长,是很好的小品,在意的人恐怕不多。恰好先生1996年1月曾撰《题画二则》一文,就单独发表于同年《随笔》第三期,大概先生对此亦很是珍重罢。先生过世多年,他日编订全集,有心人该将这类文字收入,否则,未免可惜。

先生所画实乃文人画,品格不俗,却谦称:"我的画画,更是遣兴而已……'说了归齐'(这是北京话),我的画画,自娱而已。"(《书画自娱》)先生写过一篇《谈题画》的小文,劈头就说:"题画是我们特有的东西。"又云:"题画之风开始于文人画、写意画兴起之时。"归结了"题画有三要"。一要内容好,要有寄托;有情趣。二要位置得宜。三是字要写得好些。以此对照先生之于题画,他都做到了。

作为读者,我最关心的却是他的"第一要",大概以为后二项大可算作画者之应该,"第一要"则因其文人之笔而分外珍视罢。先生的画大多写意斗方,无非平常花木蔬果,但题上了几行字就有那么不同,真的是两相辉映了。题诗暂且不谈,现抄录部分题画文如下:

一部分是回忆文,譬如——

"后园有紫藤一架,无人管理,任其恣意攀盘而极旺茂,花盛开时仰卧架下使人醺然有醉意。一九八四年五一偶忆写之。今日作画已近十幅,此为强弩之末矣。"

"故园有金银花一株,自我记事,从不开花。小时不知此为何种植物。亦不见其主何灾祥。此后每年开花,但花稍稀少耳。一九八四年六月偶忆往事,捉笔写此。高邮汪曾祺记于北京。"

"青藤书屋尚在,屋矮小,青藤在屋外小院中,依墙盘曲,盖是后来补植。藤下有石砌小池,水颇清。曾祺记"

"此松鼠乃驯养者——我的小舅舅结婚时,他的小内弟带来系以银链藏在袖筒里,有时爬出吃瓜子嗫豆腐脑,心甚羡慕。今忽忽近六十年矣,犹不能忘。一九八六年曾祺记。"

"昆明杨梅色如炽碳,名火炭梅,味极甜浓。雨季常有苗族小女孩叫卖,声音娇柔。"

"我家废园内有大腊梅数株,每于雪后摘腊梅朵以花丝穿缀配以天竹果一二颗奉祖母插戴。"

"昔在伊犁见伊犁河边长蓼草，甚喜，喜伊犁亦有蓼花，喜伊犁有水也。我到伊犁在一九八二年，距今十年矣　曾祺记"

"林则徐充军伊犁，后赦归至河南，督治河工，离伊犁时有诗句云：格登山色伊江水，回首依依勒马看。此画伊犁河所见。我到新疆在一九八二年，距今十四年矣。一九九六年秋　曾祺记"

"张家口坝上有芍药山，整个山头都是野生芍药。一九九六年十一月忆写印象。我在坝上是一九六零年，距今三十六年矣。汪曾祺"

"曾在张家口沙岭子葡萄园劳动三年。一九八二年再往，葡萄老株俱已伐去矣"

其余部分则较杂而率意，譬如——

"朱荷不多见，泉州开元寺有之。弘一法师曾住寺中念佛。"

"泰山人家喜种绣球，曾在南天门下茶馆见十余盆，以残茶浇之，花作残绿色。丙子秋　曾祺记"

"桑植天子山有野果曰舅舅粮，亦名救命粮。一九八六年十二月　曾祺写前年印象"

"我于北京种兰皆不活，友人许君自昆明致兰二种，并授以艺兰之法，亦皆简便。贵州夏蕙竟于冬令著花，喜赏一月，图此为念。一九八六年十二月十日　曾祺志"

"吾乡阴城昔有双耳陶壶出土，乡人称之为韩瓶，谓此韩世忠士卒所用水壶，以浸梅花可以结子。曾祺八九年十月偶写"

"闻大青山人云，山丹丹开花每历一年增加一朵。一九九二年十一月汪曾祺记"

"画茶花不似陈白阳，几无可法，奈何奈何。曾祺"

"晓色为扬州名菊，我父亲善画此种，须层层烘染极费工。我今所作乃一次染，略罩粉，略得其仿佛耳。丙子深秋　曾祺记"

"电影学院一小院中种葫芦甚多，昨往开会，归来写此"

诸如此类，读来诗意浓郁，真是别有一番感慨、怅惘、留恋，让人联想，可作追忆大半生旧事的补记，却哀而不伤，统归于无尽深情中。

说实话，这些似乎都是可有可无的文字，少见单独整理辑录。我将之与画分开来鉴赏，难免有偏狭之嫌。但从另一方面看，它继承的是古代笔记的神韵，惜墨如金，崇尚简洁，意在言外。惟其不经意写就，故而能逸出规矩，彰显自由活泼之态。尤为难得的是其间蕴藉了多少沧桑，却径以冷静态度散淡述之，每戛然而止，令人感触，进而领悟不同寻常的真味。

原载于2006年1月12日《攀枝花晚报》副刊

读余散记

一

台静农，鲁迅学生，未名社中坚，以乡土小说闻名，后因故渡海去台，竟不得归，郁郁以终。《回忆台静农》辑集其知交故友门人等纪念，所记历历，感人至深。先生执教于高校，桃李裴然，暇余浮白，精研书画，尤以写梅小品，孤标粲粲，推为绝制。而古典学术亦多创获。暮年所作杂文甚少，却篇篇隽雅，增无可增，减无可减，意在言外，海外学人多为折服，谓之境界"通脱"。内地出版其散文集，一版再版，旋即告罄。

先生斋名：歇脚盦。《龙坡杂文》序中说：落户与歇脚不过是时间的久暂之别，可是人的死生契阔皆寄寓于其间，能说不是大事？又，诗曰：老去空余渡海心，蹉跎一世更何云？无穷天地无穷感，坐对斜阳看浮云。皆令人愀然。

先生每与人谈，辄爱示以自集古句联：大道多歧，人生实难。其沉湎雅事似有欲语难言之慨。某尝问何不写写鲁迅,先生一笑而缄默。这一笑好苦,伤时愤世,杯酒风雨啊!

二

唐弢旧作杂文,笔法形神酷肖鲁迅,几可乱真。鲁迅曾笑谑:"你写文章我挨骂!"先生1939年著《文章修养》,薄薄一册,泽被甚广,平实恳切,言简意赅,以过来人谈语论文,"文学青年"争相购之惟恐不得。而先生声名大彰誉于士林首推书话,为拓创新文学研究第一人。遍寻《晦庵书话》,后终获之,挑灯夜读,竟寝食俱废。

先生文章动人,简洁不可多得,若《臧克家诗》文末云:王莹是当时的话剧红演员,据说她读克家的诗,一往深情,常常独自流泪。寥寥数语,淡然拈出,而声情宛在,恰合了他的书话标准:一点事实,一点掌故,一点观点,一点抒情的气息;它给人以知识,也给人以艺术的享受。

先生晚年尝发宏愿撰《鲁迅传》,惜乎"文化大革命"骤兴,囿于时事,草成半部而病殁,空余遗恨耳!

三

汪曾祺先生文章绝美,水气瀹郁,宁谧悠远。捧读如饮春醪,心神皆醉,浑忘俗屑。许渊冲教授著《诗书人生》追忆西南联大旧事说,那时的汪先生好酒,嗜茶,混迹市廛,耽玩民间物什,一身潇洒,浪漫形骸,才华惊人,大有魏晋名士风。文如其人,人如其文,信不诬也!

先生乃沈从文得意弟子,一生仰止其师,执礼甚恭。《星斗其文 赤子其人》里记他参加恩师的葬礼:沈先生面色如生,很安详地躺着。我走近他身边,看着他,久久不能离开。这样一个人,就这样地走了。我看他一眼,又看他一眼。我哭了。

我亦为之泫然。如此不朽的深情!文坛光怪陆离烦嚣依旧,而先生辞世业已经年,其文更成广陵散矣,思之怅惘。

原载于 2003 年 4 月 3 日、5 月 8 日《攀枝花晚报》副刊

杂览琐记（二则）

易实甫的诗

曹聚仁《书林新话》（北京三联书店，2010年1月修订版）下卷《冷趣》一文谈论易实甫的诗，其中抄引其五言绝句《天童山中月夜独坐》，我看着喜欢，眼熟，忽记起陈之藩随笔《山色与花光》中亦曾提及，即找来查看，两相比照，发现诗句顺序颇有差异，便又翻出钱仲联先生主编的《近代诗三百首》（浙江古籍出版社，1990年6月）所辑验对，原来二人抄引均有误矣。原诗曹氏抄引第一句两联颠置，陈氏抄引则是第三句两联颠置。不知是排印所误抑是作者疏漏，但编者却有校勘失察之责。原诗曰："青天无一云，青山无一尘；天上惟一月，山中惟一人。此时闻松声，此时闻钟声；此时闻涧声，此时闻虫声。"诗是好诗，明白如话，幽美静邃，令人有逸然世外之想。我于旧体诗属门外汉，不敢妄议，但私意以为此诗后四句排写累叠而下，似乎存蛇足之嫌，如删去则更显其境界纯净超远。往昔随手购得

《近代诗三百首》，草阅一番，兴味索然，即闲搁架上任之冷落蒙尘已十数载，思之惭愧不已。

关于野菜

  《故乡的野菜》系知堂早期的名文，辞质情深，我读过不知多少遍，恨不能亦来摹写一篇。后又断续读到其他名家所撰相同与类似题目的，就见及的计有叶灵凤、汪曾祺和现在的车前子的，其余的不知凡几。我无事将它们比较来看，皆以亲历言说，精彩纷呈，识见鲜明，极富趣味。知堂与叶、汪皆谈及的野菜有荠菜，叶、汪、车前子皆谈及的有马兰头，二者几乎是野菜中的声名最显之物。尤其他们都是江南人，谈到的野菜大多为江南所有。记得鹤西先生《野花野菜集》里《开远的野菜》一文，谈到滇地诸种野菜，有些认得，有些名称古怪简直闻所未闻。奇怪的是很少见到北人专谈野菜文章，自己孤陋寡闻亦未可知。前人编撰了许多关于野菜的图谱，简述功效、食法，其意以备救荒填饥之用，北旱南涝代不乏继，哀民生之多艰也。一般而言，野菜大多存药性，其味异于寻常菜蔬每涩苦难嚼，不可常食。吃野菜在过去究属无奈之举，文人笔下生花津津乐道多所渲染也。我小时常见的野菜是马齿苋，暗红细茎沉碧小叶连衍成片铺地而生，到处都是，不值一文，极少有人采食。后来居然可以人工种植拿来出售了。某日，母亲在菜市以五角买回家一小把，用开水洗净煮熟后拌以蒜泥、酱油和麻油，端上餐桌，顷刻见底，其味淡淡酸涩有药腥，很开胃。承平年代吃野菜喜其天然无污，更为尝鲜，清解油腻，有的野菜竟价比猪鱼，世事轮转可发一慨也！

原载于 2010 年 4 月 6 日《攀枝花晚报》副刊

笔记杂钞（三则）

卖 虎

1962年5月，张伯驹先生赴任吉林省博物馆馆长，邀约饱学硕儒之友朋结为春游社每周雅聚，并倡以撰写小品，撰笔者陆续有三十六位，其文共计二百篇，经先生编著并写序集为《春游琐谈》行世，内容涉及金石、书画、考证、词章、掌故、轶闻、风俗、游览等，很是好看。闲时阅览，偶见其中有名威伯者撰《大庾散记》，略忆民国时大庾风土之异，不禁为之莞尔，兹全录如下：

"予昔曾从事赣之大庾，居数月。庾岭梅花，久负盛名，以非花时，未得欣赏。大庾城颇湫隘，其热闹区则在郊外之西华山矿场。入晚笙歌盈耳，灯火闪灼于崇山绝壑间，盖寻芳冶游者事也。城外有河名沙河，广而可涉，有餐馆筑室水上，夏日小酌，颇有临流之趣。地有破庙，某日扰榛往游，踯躅断井颓垣间，阴森袭人，忽于殿角见一大于寻丈之蛛网，晦暗间谛视，有蜘蛛一盘网中,身大如首者,连足几可及丈,不知此荒殿何以竟无人到而见之耶。县居赣粤之交,习欲近粤人。有卖蛇者,晨背负贮蛇竹筒行通衢间,以细铁丝贯一蛇首,置地上导其行,遇买主则启竹筒之洞出其蛇,持其尾力抖之,蛇即不能自绕,以红巾引蛇,蛇咬巾,因力振巾脱其毒牙。继以竹钉倒钉蛇于墙上,以竹刀开蛇出胆,置破瓷器中,脱蛇皮沿脊取肉两片以飨购者。凡此均在数分钟内毕其事。又有市乳虎者,虎大如巨猫,斑斓可爱,值仅九元。余欲购之,有人曰虎大后将何以处之,余乃止。"

大庾建国后更名为大余,县治,现隶属江西赣州市。读毕此文,我最感兴趣者为彼时竟有卖虎者。民国时,诸事皆在初创阶段,尚无野生动物保护法令,乡民可自由猎取以换温饱,亦见生态嘉良不似今日之堪忧。其虎,余测想盖为华南虎乎？1905年,德国动物分类学家默尔-赫尔兹海博士依据5个产自汉口的虎头骨标本而定下华南虎的概念。华南虎于二百万年前起源自中国,为自然界中虎之始祖,可惜由于20世纪五六十年代捕杀过度,其数量急剧减少,已处于濒危地步。撰者威伯实乃现代著名学者、科学家阮鸿仪先生(1907—1996),其早年就读于上海震旦大学、巴黎矿业学院,其一生的主要成就是金属冶炼,是中国现代化炼铝的创始人。阮先生学问非常渊博,除化学外,书法、中医药学、书画鉴赏收藏等均精通。此文所记,应为其20世纪30年代留学归国后在江西考察矿藏时所见。

原载于2014年4月24日《攀枝花晚报》副刊

三色堇

三色堇的形姿一直印在心底。很多年前,有天黄昏,我和她从广场散步经过,那时花坛里植满了暖黄色的三色堇,很好看,她问我,这是什么花啊,这么漂亮。我说不知道。她笑着说,那就叫老人花吧,你看花瓣中间暗色部分多像一个老人的脸。我微笑点头。这些当然是陈年旧事了,那时我们才十八九岁罢,少不更事,一切年轻美好。早已没有她的消息,我还记得她那天的样子。

三色堇又名蝴蝶花、人面花、猫儿脸等,是一年生或二年生草本植物,原产地在欧洲大西洋沿岸低丘地带,中国在20世纪20年代初引自英美,属于外来花卉。贾祖璋与贾祖珊合撰出版于1937年5月的《中国植物图鉴》里即云:"三色堇菜(游蝶花),茎高二分米许。叶长椭圆形,托叶很大,羽状分裂。春日开花,形大有五瓣,距较短。果实为卵形的蒴。花色种种不一,以黄、紫、白等为最常见。"说的比较简洁清晰,而其后我国的《东北草本植物志》《内蒙古植物志》等书中亦均予收录，在《中国花经》（上海文化出版社，1990年8月）中则这样描述它："多分枝，稍匍匐状生长。基本叶近心脏形，茎生叶较狭长，边缘浅波状，托叶大而宿存。花大，腋生，蓝、白和黄色"。称三色堇同属种约有400种，并列举了紫花地丁、香堇菜、角堇、乌足堇等数种及其习性。前几日，偶然翻看德国著名园艺家植物学家玛丽安娜·波伊谢特的著作《植物的象征》（湖南科学技术出版社，2001年6月），看到三色堇一章，才恍然大悟，原来很多年前见过的"老人花"其实学名就是三色堇。欧洲童话、民间传说与故事、诗歌、儿童游戏里每见它的影子。三色堇在英国，与圣瓦伦丁节（每年2月14日情人节的别称）大有关联，大概属于爱情赠物，它又名"想念我"，很有浪漫气息，大约背后有个凄婉美丽的爱情故事罢，但我却不知。据说，它又是象征基督受难圣三位一体最理想的植物之一，在西方历史文化中的地位比较尊崇。

说来三色堇亦并非什么名贵花卉，但其特异处，恰在于其花瓣如蝶翼，迎风微动恍如蝴蝶，而花瓣其中暗色部分，又似人面又似猫脸，几许诡灵与神秘，正好供人们诸多想象遐思，而于我，则是更多了几分怅惘与追念。

原载于2014年9月9日《攀枝花晚报》副刊

关于○与零

平日偶尔作文，下笔不敢轻率，特别注意标点符号与语言文字的规范用法，也喜欢看一些有关这类书籍，常备之案头以供解惑之不时之需。譬如阿拉伯数字"0"竟然有"○"与"零"两种汉字书写形式，就每让我困惑。曾想，"0"写成汉字"零"尚可，而写成"○"则不知何据，因为汉字里找不到这个字，而且它只是一个符号。

《语言文字规范手册》(上海远东出版社，2015年3月)中《出版物上的数字用法》(中华人民共和国国家标准GB/T15835—2011)有一节专门提到"○"与"零"之用法，云："阿拉伯数字'0'有'零'和'○'两种汉字书写形式。一个数字用作计量时，其中'0'的汉字书写形式为'零'，用作编号时，'0'的汉字书写形式为'○'。"近阅流沙河先生所著《正体字回家：细说简化字失据》(新星出版社，2015年4月)，他在书之最末一节也论及"○"，称之曰："既非正字，亦非简字。符号而已，不是汉字。符号正圆，不知何处下笔，何处收笔，亦无笔画可计。汉字行笔，绝无这样标准的弧线。不是汉字，不能阑入字典。应该请零字回家来。"流沙河先生言之有理，令人豁然，余乃赞成其意见一派。

未刊稿，撰于2015年6月1日

小书话

《饾饤琐忆》(金云臻著,博文书社,1989年5月)

饮食背后有着更深远的文化背景。此书其实只是一篇回忆长文,做成薄薄一册小书,旧时京华民间二百余种零食、小吃及时令瓜果等源自、做法以内行人语一一追述,笔墨清嘉有味,饱含深情留恋,仿佛现代版《东京梦华录》,因此王世襄先生欣然题辞并书绝句序之,堪称饮食美文典范。

《苍洱之间》(罗常培著,辽宁教育出版社,1996年9月)

虽然著者非文人,亦谦称此等文字读者毋视作文学作品,它不过忠实记录旅痕游踪,但有着一己独到感受,结合本业,时时不忘社会风土文化考察与思考,且文章辞采斐然,新意迭出,底蕴深厚,我们读来正复意趣盎然,获益匪浅,真正得到见识,实为游记之圭臬耳。

《黄金牡丹》(须兰著,上海书店出版社,2006年9月)

此书仅八篇随笔,章幅皆不长,内容主要涉及艺术,但相当广泛,诸如老上海闺秀影集、明式家具、浮世绘、现代绘画、现代电影等,更难得的是其文字融会贯通,庄正精致,迥异于当下通行的浮华薄陋和矫情的文风,很是独特,体现了一种高雅而认真的书写态度。

《旧都的味道》([日]薄田泣堇著,百花文艺出版社,2011年1月)

这是本随笔小品集,除怀念友朋篇什外,大多草木瓜蔬虫鱼之属,著者身心与自然相融无违的低语,隐含身世悲凉的淡影,照例是日本文学的底色:纤细,幽微,清冷。空暇展卷能真切感受到一种禅味,一种俳味,一种静味,涤去我们心底的嚣尘俗思。

《鲁迅读过的书》(金纲编著,中国书店,2011年9月)

鲁迅一生读过多少书?这部书给出了大致答案,其寓目、阅读过的图书达4233种,内容涉及各个方面。当然,事实上可能还要更多。编著者肯下"笨功夫",多年辛勤爬梳,将鲁迅文字里凡提及的书籍加以分门别类简介,我们亦由此窥见鲁迅文学创作与学问思想的来源和功底，是别一路径的鲁迅研究，很有价值。

《焚书之书》（[德]福尔克尔·魏德曼著，华东师范大学出版社，2011年9月）

那些被投入烈火，被禁止，被咒骂，被污蔑的书籍与作者名字，并未遭到完全毁灭和遗忘，如今又呈现在世界面前。著者勾稽史实，对二战时期德国纳粹如此疯狂野蛮愚蠢破坏文化的事件予以深刻沉痛反思，给以抨击，并告诉我们一个基本常识，进步思想和文化是从来无法扼杀绝尽的。

原载于2012年2月18日《攀枝花晚报》副刊

辑三　风物杂笔

《琐碎录》闲窥

雨天闭户不出，惟翻二三闲书而已，所涉皆非正经典籍，杂而又杂。譬如近所看北宋温革所撰《琐碎录》，即为一部古农书。是书成于南宋，共二十卷，清中期即趋亡佚。20世纪60年代，上海图书馆有幸购藏到其明末清初一册手抄本，才不致最终被湮没。但遗憾仍是残卷，仅存其中农艺部分，分为农桑、种艺、禽兽、虫鱼、牧养、饮食诸辑。《琐碎录》现名《分门琐碎录》，其在中国中古至近世农学发展进程中，上承《齐民要术》《四时纂要》，下续《种艺必用》《农桑辑要》，价值独具，增扩了农业范围，特别是在花木栽培方面。校注者化振红先生研治是书多年，又从《四库全书》《续修四库全书》等典籍中钩稽了五十九条佚文。而余喜读古农书，则在于由此可窥先民生活风物，又作为草木之书品赏。其间存留夹杂了好多旧时迷信习俗，亦非常有趣好玩，兹抄几条，如下：

"皂荚生荚多不结实者，春社日侵晨用沙木丁钉其树，先钉一窍，次入木。令一人远呼曰：'生不生？'钉树者答曰：'生！'其年果盛。"沙木，即杉之一种，或杉之别称。譬如："种鸡冠花，如立撒子则高株方开花；若坐撒子则小株低矮开花。如以扇或妇人裙撒子，则花大亦如之，如以手撒子，则花如手指。"花开繁衰，跟下种籽动作还有关系？譬如："果木树如曾经孝子及孕妇手折，则数年不著花，或不甚结实。"就有些匪夷所思了。譬如："五日，朱砂写茶字倒贴，辟蛇蝎；写白字倒贴柱上，辟蚊虫；写仪方二字，倒贴亦妙。"此为彼时端午之俗。又"鱼逆水而上，鸟向风而立，取其鳞羽之顺也。有微风不知所从来，但观鸟之所向。"其观察细微，经验皆来自日常，很是难能可贵。书中还存录不少谚语，譬如：

"常以三月三日雨卜桑叶之贵贱。谚曰：'雨打石头遍，桑叶三钱片。'或曰：'四日尤甚。'杭州人曰：'三日尚可，四日杀我。'言四日雨，尤贵。"又"闽俗，立冬后逢壬日谓之入液，至小雪出液，得雨谓之液雨，无雨则主来年旱。谚云：'液雨不流筹，高田不要作。'又谓之药雨，百虫饮此水而蛰。"以上所举诸条显见民俗研究好资料。而其中《雁》之一条，则云：

"北方白雁似雁而少白，秋深至则霜降。河北人谓之'霜信'。"白雁是雪雁俗称。《尔雅翼·释鸟五·雁》云："盖白露霜降五日而鸿雁来，寒露五日而候雁来，候雁之来在霜降前十日，所以谓之霜信也。"此条余看之又看，觉得简直可当一则隽美小品或一首诗。《琐碎录》中还有专门记猫数条。我忽想到，昔日知堂曾撰《赋得猫——猫与巫术》一文，如之前能见阅《琐碎录》，大概可予参考并有增补罢。

关于《琐碎录》之命名，化先生推测："大约是书的主要内容并非治国平天下之类的道理，而是农桑、种植、花草之类的日常琐事。"著者温革史书无传，其余文献中涉及生平材料甚少，据专家考证，其字叔皮，惠安人，本名温豫，因不愿和降金宋将刘豫同名，遂改名为温革，入仕为官得民拥戴，由《琐碎录》笔墨与内容可窥其思想清通，重于民生实践。更特别的是，他经历过亡国之痛，自不同于普通文人。

原载于 2015 年 7 月 7 日《攀枝花晚报》副刊

蒲松龄的《农桑经》

阅孙犁《耕堂书衣文录》，见1972年2月3日记《蒲松龄集（上）》一则云："读其杂著，而有才尽之憾者，其商贩之见乎？"后似觉所议不妥，同日又补记云："蒲氏困于场屋，而得成志异大业，诚中国文学之大幸也。又以身居农村，与群众接近，所为杂著，亦具风采，惜此集未收其家政内外篇也。"据专家考证，蒲松龄著作有《文集》四卷，《诗集》六卷，《志异》八卷，此外杂著有十二种，计《省身语录》《怀刑录》《历字文》《日用俗字》《农桑经》《家政内编》《家政外编》《婚嫁全书》《小学节要》《药祟书》《会天意》《观象玩占》，另文稿《鹤轩笔札》二册及编《庄列选略》、《宋七律诗选》、《帝京景物选略》。这些杂著等可惜今仅存《农桑经》和《家政外编》，余则全部亡佚。

手边适有《〈农桑经〉校注》一书，整理校注者李长年，1982年5月由农业出版社出版。此书甚特别，以誊抄笔迹影印而成。书前有校注说明云，《农桑经》主要依据前人农业著述资料编写而成，民间钞本流传殊多，1962年始阑入路大荒所编《蒲松龄集（上下）》（上海古籍出版社）里。蒲氏在此书序中称："居家要务，外惟农而内惟蚕。昔韩氏有《农训》，其言井井；可使纨绔子弟，抱卷书生，人人皆知稼穑。余读而善之。中或言不尽道，或行於彼不能行於此，因妄为增删；又博采古今之论蚕者，集为一书，附诸其后。虽不能化天下，庶可以贻子孙云尔。康熙四十四年，岁在乙酉，正月念四日。柳泉氏志。"可窥其思想通达与平实，亦见其结合当地生产生活实际而编撰是书，不死抱典籍耳。注释称"《农训》未见，韩氏是何许人，亦不详"。康熙四十四年即公元1705年，据正式付印成书已两百五十余年矣。是书讲述农艺，简挄实用，当年流传于山东淄川等地，具有相当的实践性与指导价值。

《〈农桑经〉校注》分两部分，其一收《农桑经》，计《农经》七十一则、《蚕经》二十一则，《补蚕经》十二则（附《腌茧法》），《蚕祟书》十二则，《种桑法》十则。其中，《农经》自正月迄于九月即止，余为"杂占"，含种麻与虫害预防等内容。其二收《农桑经残稿》，叙花木虫鱼菜蔬水果中药农作物等养殖，似与《农桑经》有些许关联，然无书名无序无跋，残缺较多，盖非定稿。其实这即为蒲氏之《家政外编》，孙犁如见此书，当慰遗憾也。书后附记二篇并附《钞藏者跋》。附记一乃校注者撰，称："《蚕祟书》十二则，乃迷信之谈。"我们现今看来，有些却亦是民俗学研究好资料也。附记二为广东农林学院图书馆农业历史文献室撰，简叙《农桑经》钞本异同，言及蒲氏九世孙蒲文珊家藏一束残稿："原分三册，前两册为农圃部分，后一册有书斋雅制、字画、装裱、珍玩、书谱等类目，并附钞藏者跋。"正是依据《钞藏者跋》所叙原委而来。如是之故，此束残稿今人名之《农桑经残稿》即缀于《农桑经》其后。闲翻《〈农桑经〉校注》，薄薄一册，浏览字句与行间，真有豆蔓瓜藤田畈土野之恬淡清新，遥思彼时吾国农事，虽倍至艰辛而一切俨然礼致有序，情景如前，为之怅触。

　　余于农学实是门外汉，今顺带谈及蒲松龄之《农桑经》，乃是慨叹世人皆知《聊斋志异》，却鲜知其一生学问淹博与著述之丰。蒲氏虽不举功业，而朝夕涵泳于民间，重实践，具常识，辨五谷菽麦，知冷暖疾苦，通人情物理，岂是一般空谈腐儒可比耶。

原载于 2014 年 4 月 15 日《攀枝花晚报》副刊

鲁迅书桌上的盆景

1927年5月1日,鲁迅在《〈朝花夕拾〉小引》里这样写道:"广州的天气热得真早,夕阳从西窗射入,逼得人只能勉强穿一件单衣。书桌上的一盆'水横枝',是我先前没有见过的:就是一段树,只要浸在水中,枝叶便青葱得可爱。看看绿叶,编编旧稿,总算也在做一点事。做着这等事,真是虽生之日,犹死之年,很可以驱除炎热的。"先生感慨中之寂寞是很深沉的。而其中所提及的"水横枝",其名雅致,其实也就是栀子花而已,为中国本土植物,大家所习见。

查《花镜》卷三"栀子花"条云:"栀子花,一名越桃,一名林兰,嗜号簷葡,小木也。有三种:单叶小花者结子多,千叶大花者不结子。色白而香烈。又有四季花者,亦不生山栀。徽州产矮树栀子,高不盈尺,盆玩清香动人,夏花洁白而六出,秋实丹黄有棱,可染黄色,亦可入药。昔孟昶十月宴芳林园,赏红栀子花,清香如梅,近日罕见此种。冬初取子晒干,来春畦种,覆以灰土,如种茄法。梅雨时,随花剪扦肥地亦活。若干叶者，宜土压旁生小枝，久则根生，分栽自活。性不喜粪，惟以轻肥沃之自茂。若太肥，又恐生鼠蠹。一法：芒种时穴，腐板，泥涂，剪枝种其上，浮置水面，候其根生后，移而种之。"明王路撰《花史左编》和王象晋撰《二如亭群芳谱》皆云："徽州栀子，小叶小枝小花，高不盈尺，可作盆景。"鲁迅先生书桌上那盆栀子，盖为文中所述单叶小花栀子者，亦其南地常见花木。今人李树华著《中国盆景文化史》里稽考我国"盆景"一词在苏轼《格物粗谈》里第一次出现，迄今已有九百年以上使用历史。盆景作为一门艺术，我国在汉代已开始出现，魏晋南北朝为植物盆景形成时期，唐宋元为发展时期，到达明清臻于成熟。古时花木类盆景里即有"徽州栀子"，现名"水栀子"，"水栀子"为其正名，而"水横枝"大概是民间俗称。此种盆景是将整株栀子置于盆钵里，以清水养之，而维持长期不败，观赏其翠叶白花，以收怡神养目之效。《花镜》里提及的红栀子花，恐为变种，珍稀殊难见也。栀子花嗜号簷蔔，这是个很奇怪的名字。偶阅清邹一桂著《小山画谱》，今人王其和纂注其上卷"名花分别"之"栀子"里云："簷蔔：梵语 Campaka 的音译。又译作瞻葡伽、旃波迦、瞻波等，义译为郁金花。"簷蔔实应写为簷卜，被列入佛教"五树六花"之一，看来栀子花有很深的佛教义化背景。栀子花开初为白色，后期渐转为淡黄，但亦有人考证其实人多将栀子花误为簷葡,而木兰科中黄兰其花色泽耀黄如金更接近簷葡本意。

尽管如此,栀子花并非人皆爱之。如明王世懋著《学圃杂蔬》里云:"栀子,佛经名簷葡。单瓣者六出,其子可入药如染;单瓣者花大而白,差可观。香气殊不雅,以佛重之,存之。"王氏对栀子花色与香气均无好感,概因其过于浓郁,有违清淡之高格耳。有趣的是,清吴其濬著《植物名实图考》里,亦对此无甚好感,撰"皮袋香"一则时竟与栀子作比较,云:"皮袋香一名山栀子。生云南山中。树高数尺,叶长半寸许,本小末奓,深绿厚硬;春发紫苞,苞坼菁葖,洁白如玉,微似玉兰而小;开花五出,细腻有光,黄蕊茸茸,中吐绿须一缕;质既缟洁,香尤清祕;簷葡对此,色香俱粗。山人担以入市,以为瓶供。俗以花苞久含,故有皮袋之目。檀萃《滇海虞衡志》:含笑花俗名羊皮袋,花如山栀子,开时满树,香满一院,即此。但含笑以花不甚开放,故名。此花瓣少,全坼,非大小含笑也。"而清高士奇撰《北墅抱瓮录》里载:"栀子小于玉兰而香过之。山馆幽僻之处所偶植数本,暑月发花,清芬满院。"寥寥数语,情景之美历历如前,却无轻薄之意。花木因人而分品位,其嗜恶因人相异,聊发一笑也。

原载于 2013 年 10 月 15 日《攀枝花晚报》副刊

朝颜闲抄

秋来矣，但看一点闲文，便想到郁达夫散文《故都的秋》。他在文中写到牵牛花："或在破壁腰中，静对着像喇叭似的牵牛花（朝荣）的蓝朵，自然而然地也能够感觉到十分的秋意。说到了牵牛花，我以为以蓝色或白色为佳，紫黑色次之，淡红色最下。最好，还要在牵牛花底，教长着几根疏疏落落的尖细且长的秋草，使作陪衬。"此景如绘，很能见出其才子花木鉴赏之心。叶圣陶还有名文《牵牛花》。二文均选入中小学课本以作语文范例。牵牛花是画家的好题材，汪曾祺曾在《谈题画》一文里谈及："白石为荣宝斋画笺纸，一朵淡蓝色的牵牛花，两片叶子，题曰：'梅畹华家牵牛花碗大，人谓外人种也。余画其最小者。'此老幽默。寻常画家，哪能有此！"

郁氏称牵牛花为朝荣，似不多见。朝荣泛指朝开暮落之花，并不仅限牵牛花，而东瀛则特称之为朝颜，两相比较，则朝颜之名更美。林文月译《枕草子》，于第七十节"草花"注释朝颜云："为舜华（俗称牵牛花、喇叭花），晨间开，过午即凋萎。夕颜则相类而黄昏以后始绽开。"有朝颜就有夕颜，这是很有意思的事。舜华原指木槿，出自《诗经·郑风·有女同车》："有女同车，颜如舜华。"除指女子美貌，亦寓意朝开暮落，但木槿为落叶灌木，牵牛花为缠绕草本，二者虽略似，究竟属不同纲目科属，林氏称舜华为牵牛花，则似乎混淆。又对照周作人所译《枕草子》，于第五八段"草花"则仅对夕颜作注释："夕颜是与朝颜相对立的名称，乃是匏子的花。因为它开在傍晚，在苍茫暮色中，显出白色的花朵，可以与早上开的朝颜相比。但本文中说它结实太大，那么所说的是瓢了，日本少瓠而多瓢，取其实刨皮为长条，晒干为饮馔，称曰'干瓢'。"周氏注释直可当一篇优美知识小品来看，其间简明而有辨识。我因又记得与谢芜村有俳句："牵牛花，一朵深渊色"，常思忖此大概指深蓝色牵牛花吧。正冈子规亦有俳句："牵牛花色艳，染得晨雨亦紫妍。"用色明烈，极尽风致也。日人大概亦很喜欢牵牛，其花开幽寂而短瞬，正合于其民族审美特性和意识吧。

清陈淏子所辑《花镜》中说道牵牛花："牵牛一名草金铃，一名天茄儿，有黑、白二种。三月生苗，即成藤蔓。或绕篱墙，或附木上，长二、三长许，叶有三尖如枫叶。七月生花，不作瓣，白者紫花，黑者碧色花，结实外有白皮，裹作球。球内有子四、五粒，状若茄子差小，色青，长寸许，采嫩实盐焯或蜜浸，可供茶食。近又有异种，一本上开二色者，俗因名之曰黑白江南花。"伊钦恒校注里称，所谓天茄子实与牵牛不同，其嫩实可食，而牵牛似乎仅作草药，其种子可为泻剂。其后清吴其濬著《植物名实图考》即指出："天茄子，《救荒本草》谓之丁香茄。茄作蜜煎，叶可作蔬，其形状绝类牵牛子，或即以为牵牛花，殊误。"而关于牵牛花，他则说："牵牛子，《别录》下品。今园圃中植之。《酉阳杂俎》谓之盆甑草。自河以北，谓之黑丑、白丑，又谓之勤娘子。其花色蓝，以渍姜，色如丹，南方以作红姜，故又名姜花。《救荒本草》谓之丁香茄。李时珍以为即牵牛子之白者，花叶固无异也。另入果类。雩娄氏曰：俗以牵牛花同姜作蜜饯，红鲜可爱，而理不可晓。梅圣俞诗：持置梅窗间，染姜奉盘馐，烂如珊瑚枝，恼翁牙齿柔。文与可诗：只解冰盘染紫姜。此法自宋始矣。邵子诗：雕零在槿先，言其日出即收也。司马温公独乐园有花庵，以牵牛瓜豆为之。东坡以此非佳花，而前贤多赏之。观邵子所谓长是废朝眠者，即此。亦见贤者断无三宴起时也，黄绫被里放衙，终身不见此花矣。俗呼此花为勤娘子，亦有味。"著者所撰引经据典，考辨故实，摘误除讹，间杂以议论讽喻，实在是很不简单，可见其学识通达宏富。今人高明干和卢龙斗主编的《植物古汉名图考》中则辑录："牵牛（旋花科）

Pharbitis nil（Li.）Choisy《广群芳谱》卷九八：'牵牛，一名盆甑草，一名黑丑白丑，一名草金铃，一名狗儿草，处处有之。'"且录以唐段成式《酉阳杂俎》所载："盆甑草，即牵牛子也。秋节后断之，状如盆甑，其中有子似龟，蔓如山芋，即此也。"由此可知，牵牛花其别名甚多。

自家阳台上正植了一株牵牛，有五六年了，整个夏天挂满绿叶，早晨零星缀满凉白冷蓝小花，像极一架屏风，绘着幽幽的寂寞的梦。转眼秋来，牵牛亦渐枯败了，忽又念及鹤西先生辞世已十五年了，不禁想起他那本随笔集《初冬的朝颜》，清淡有味，人多好，文多好，书名多好。

原载于2013年9月24日《攀枝花晚报》副刊

朝颜补抄

次作《朝颜闲抄》,随谈牵牛花,后闲翻书,又检得相关一些资料,遂补抄如下。

宋陶穀撰笔记《清异录》二卷,其"百花门"一章有"花经九品九命"一条,前言云:"张翊者,世本长安,因乱南来,先祖攉置上列。时邦西平昌令卒,翊好学多思致,尝戏造《花经》,以九品九命升降次第之,时服其允当。"其中将牵牛与木槿等列入最末"九品一命",虽称戏造,盖因牵牛朝开邃凋花期短促不享贵气耳,亦可见吾国古时早有花木分品之风习。

余又尝见贾祖璋先生所撰《牵牛花谱》一文,系其20世纪70年代自京归闽抄书而作花木虫鱼札记之一,时老人已古稀之年,目力衰减,仍苦辛勤研不辍,辨误兼考实,诚属难能也。其文抄录《酉阳杂俎》《群芳谱》《植物名实图考》《本草纲目》等旧籍有关牵牛花的记载以及大多两宋诗人咏诵之诗句,其间在引《本草纲目》资料后附按语:"《救荒本草》无狗儿草,只有狗儿秧,是蔔子根的别名,原文为:'蔔子根俗名打碗花,一名兔儿苗，一名狗儿秧，幽蓟间谓之燕葍根，千叶者呼为缠枝牡丹，亦名穰花……开花状似牵牛花，微短而圆，粉红色。《救荒本草》没有记载牵牛花，只说丁香茄苗开粉紫边紫色心筒子花，状如牵牛花样。'又段成式说：'结实后断之，状如盆甑'，是指其实。李云：'盆甑狗耳像叶形'，亦不正确。而且牵牛花叶并不作狗耳形。"贾先生早年写了不少文史兼具的笔致漂亮的科学小品，还编绘了一部《中国植物图鉴》。他与叶圣陶老相交弥深，此文末即录有叶老赠《小庭花事》一诗："卷蔓缘升日逾尺，层层密叶失西墙。紫花齐哆迎朝爽，贻我牵牛怀祖璋。"珍视情谊可窥一斑。后人辑有《涸辙旧简：叶圣陶贾祖璋京闽通信集》，乃二老在1970至1982年间的往来书信汇编，共220封。暮年相互慰勉，感人之至。

暇时展阅现代诗人朱英诞旧体诗集《风满楼诗》，见其1966年有题《梦秦娘子盛开》一首，云："昨夜秋灯听雨眠，篱间真喜豆花鲜。迎凉呼伴秦娘子，日出东南楼外边。"其小注写道："种朝颜，朵极大，数年来分赠邻舍，而小园中仅余淡紫即俗呼藕荷色者。其深紫一种，朵尤大，竟绝种矣。夜来听雨迟眠，秦娘子乃见梦，淡紫色颇似豆花。"诗中秦娘子亦即牵牛之别名勤娘子也。朱英诞中晚年即息隐于京华，闲余创作了大量新旧体诗，皆以自娱，不求发表，据说新诗稿达三千余首,惜无人整理付印,其逝世后旧体诗则由家人整理编成《风满楼诗》一部,于2012年9月在中国台湾出版,书名取自其父诗句:"机杼声中风满楼"。集中之作,迄于1958年其在故宫博物院南三所整理明清档案,止于1983年其逝世,有一千余首。其旧体诗,"实则盖写新诗之余波也。"(朱英诞《风满楼诗·自序》)清丽可颂,每缀以小序、注、跋等,既可视为美文,亦可助益现代文学研究不足,极具史料价值。

前日,偶又看周作人译《枕草子》,见第五七段"歌辞"有注释"朝颜花"云:"日本古时,桔梗,木槿及牵牛花,皆训作朝颜,但这里似专指木槿。《诗经》云:'颜如舜华。'也是以木槿形容貌美,但并不含有朝开暮落的意思。"此正可补前次作文之粗疏,亦证余浅薄如斯。另,法国称牵牛花为"清晨的美女",亦甚佳,堪与朝颜之名竞爽也。

原载于2013年11月28日《攀枝花晚报》副刊

也谈虎耳草

昔年曾短游湘西,因为沈从文先生的缘故,便去了一趟凤凰。后读有人撰《虎耳草》一文(高维生著《浪漫沈从文》),谈到汪曾祺在《星斗其文,赤子其人》一文末云:"沈先生家里有一盆虎耳草,种在一个椭圆形的小小钧窑盆里。很多人不认识这种草。这就是《边城》里翠翠在梦里采摘的那种草,沈先生喜欢的草。"惜实地未得一见,颇引为憾事。沈先生自称"乡下人",少小离家在外闯荡奔波,倍尝甘苦炎凉,终老于北地,其恃故土常见草本以慰乡思,正是再自然不过之事。

虎耳草之名甚可爱有趣,却不知背后有无民间传闻典故,盖以直观得来也。余尝于朋友书房案头见之,其茎细长若红丝,叶片圆如虎耳,苍绿叶面上衍生灰白脉纹,恍似虎皮,层层累叠,葱茂有致,很是养眼。《植物名实图考》载"虎耳草"一条,较简略,劈头就说:"虎耳草,《本草纲目》始著录。"查《本草纲目》卷二十"虎耳草"云:"虎耳生阴湿处,人亦栽于石山上。茎高五六寸,有细毛,一茎一叶,如荷盖状。人呼为石荷叶。叶大如钱,状似初生小葵叶,及虎之耳形。夏开小花,淡红色。"《花镜》中"虎耳草"云:"虎耳一名石荷叶,俗名金丝草。其叶类荷钱,而有红白线缭绕其上,三、四月间开小白花。春初栽于花砌石罅,背阴高处,常以河水浇之,则有红丝延蔓遍地,丝未生苗,最易繁茂;但见日失水,便无生理矣。以粪坑边瓦砾,敲碎堆壅其侧,则易长。小儿耳病,取汁滴入,即愈。"这比其他草木古籍的记录更为详细,难得的是其中有培莳的生活经验,感觉就更亲切。

虎耳草除可观赏外,且是一味中药。这里值得一提的是,虎耳草素朴无华,不独其叶好看,其花亦甚美而奇特,却鲜有人言及。《植物古汉名图考》称:"圆锥花序,花白色,花瓣五,大小不等,下方两片特大,上面三片较小。"其说粗浮有误。观其花,仅下方两枚大瓣为白色,状如倒悬柳叶或蝶翅,上面三小瓣则粉底生胭脂色斑点,整株花蕊嫩黄呈纤丝。虎耳草其花绽开如汇成星星点点一派时,动静相谐,竟好似许多小蝶热闹翩飞其叶上。虎耳草大约是常谓,别名不少,另有一名曰金钱吊芙蓉,大约因其花而得此名,几许底层无聊文人轻薄戏谑之意,若一阕花间俗艳小词。虎耳草主要分布于吾国华东、华南、西南至陕豫等地,只不知当时沈先生那盆虎耳草得自何处。翻何家庆著《中国外来植物》,收"巴戈草"一条,考证其原产中美洲,亦名大虎耳草、虎耳、虎耳草、水瓜子草，属于"多年生整株沉水或湿生草本"。称其20世纪80年代随观赏性水草扩散而入中国，比较两草之形态相异而有同名，真令人疑诧不解。

一个人喜欢哪种草木花卉，跟他的审美、嗜好、性情和向往大概有极大关联。《边城》里虎耳草出现举凡三次，皆伴随翠翠的心理活动与行止，不是偶然的，有着含蓄而深长的爱情寓意。翠翠将某次梦里听歌采摘虎耳草的情形说给爷爷听，又道："我可不知道把这个东西送给谁去了。"令人惆怅亦令人感动，有一种莫名的清冷空气。这，仿佛沈先生对人生盈满温爱的心底的一声淡淡的叹息罢。

原载于 2013 年 12 月 17 日《攀枝花晚报》副刊

附记：周作人曾于1937年6月7日撰《野草的俗名》一文，发表于《宇宙风乙刊》，后收入《药味集》。此文中亦有一节谈及虎耳草，即"天荷叶"。余彼时写拙文并未参考此文，后记起，遂检出两相对照，发现皆引用《本草纲目》《花镜》所载文字，亦甚巧合也。

2016 年 8 月 28 日

《罗汉豆》钞补

鲁迅先生曾在散文《社戏》里回忆幼时与小伙伴偷摘煮吃罗汉豆之事，《朝花夕拾·小引》里再次提及此豆，可见童年所留下极深印象。其二弟周作人亦特撰随笔《罗汉豆》，于1950年7月25日发表于上海《亦报》，起首便云："豆类里边我觉得罗汉豆最有意思，这在别处都叫做蚕豆，只有我们乡下称为罗汉豆，也不知道是什么缘故。"其文历数罗汉豆几种民间常见吃法以及小孩以此为作游戏，很饶民俗趣味。其后，他在专著《鲁迅的故家》第一部分"百草园"第八节"菜蔬"里又谈到，且征引范寅《越谚》之说："此豆扁大，只能用菜，吴呼蚕豆。"及注："此豆细圆，吴呼寒豆。"遂生发议论："总结一句，罗汉豆即是蚕豆，而蚕豆则是豌豆。我以本地人的资格来说话，虽然并不一定拥护罗汉豆这名称，但总觉得蚕豆是叫得不适当的，它那豆荚总有拇指那么粗，哪里像什么蚕呢！"

罗汉豆亦名蚕豆。查《中国蔬菜名称考释》（张平真主编，北京燕山出版社，2006年10月），说明蚕豆有二三十种名称,其中:"蚕豆古称'胡豆'、'国豆'或'佛豆'。有人认为张骞从西域带回的'胡豆'种子就是今天的蚕豆。东晋十六国时期,羯族人石勒建立后赵政权(319～351),其间因避讳'胡'字,曾把'胡豆'的名称改为'国豆'。有人则认为蚕豆起源于印度或云南,由于古代上述两地都有'佛国'的称谓,所以叫做'佛豆'。在这一组古称中,'胡'或'佛'应分别是引入地域中亚、印度、抑或云南的标识。然而根据北宋时期宋祁(998～1060)在《益部方物略记》中对'佛豆'所描述的'丰粒茂苗',以及'豆粒甚大而坚(硬)'等特征进行分析,'佛'所强调的应是'籽粒硕大'。我国古代的'佛'、'胡'两字都有'大'的含义。据《诗经·周颂·敬之》记载:周成王为了表达希望大臣辅佐他担当大任时,说过'佛时仔肩'的话,对此《毛传》注释说:'佛,大也。'另据《礼记·士冠礼》介绍:古代男子举行加冠礼时,有'永受胡福'的祝福语句,'胡福'即'大福'。由于四川乡音读'佛'、'胡'两字很难分辨,至今四川和云南等西南地区仍以'佛豆'或'胡豆'称之。有人或把它写作'湖豆',可能是'湖'、'胡'谐音的缘故。鉴于大肚罗汉的轮廓略似蚕豆,'罗汉'又是'佛'的近义词,江浙等地还俗称之为'罗汉豆'。"其又称:"'寒豆'、'夏豆':蚕豆较耐寒,在南方九月播种,越冬后第二年初夏即可收获,'寒'、'夏'

由此得名。"这已梳理得够清晰扼要，且言之在理，大概已可开释周氏大半疑惑了罢。

关于蚕豆之称缘由，《中国蔬菜名称考释》里云："它扁平，略呈长筒或葫芦形，状如'老蚕'。"《救荒本草校释与研究》（中医古籍出版社，2007年1月）第331条"蚕豆"按语云："蚕豆亦名胡豆，亦写作佛豆，《农书》谓蚕时始熟，因之得名，《纲目》云荚状如蚕，故名蚕豆，又云：'张骞使外国，得胡豆种归，指此也。'"而第330条却有"胡豆"条，实在令人困惑不解。再找来《中国伊朗编》（[美]劳费尔著，商务印书馆，1964年1月）看，其中"豌豆与蚕豆"一章称："第四世纪的《邺中记》里说过这样的话：当石虎禁止用'胡'字的时候，胡豆就改名为'国豆'。李时珍认为这些引文都是指豌豆而说，因为在古代'胡豆'是很通行的名称，而'豌豆'却不大用。"又称"因为它的形状像老蚕，故得此名"。以上关于蚕豆的解释似乎都很牵强，但由此可知，周氏认为蚕豆则是豌豆就混淆了二者区别，他不解蚕豆何以像蚕，则是因为蚕豆亦名胡豆，而古时所谓胡豆不仅包括蚕豆，其中还包括野豌豆、回回豆等本土和外来豆类。沿袭现今的蚕豆之称或许是错误的，其实我们看豌豆，其豆荚之细长形状，岂不更像是蚕。

蚕豆在西方的文化与地位与在中国有泥霄之别，德国著名园艺家植物学家玛丽安娜·波伊谢特在《植物的象征》(湖南科学技术出版社，2001年6月)一书里称，蚕豆在西方象征死者的灵魂、基督再生、好的行为、贫乏等，还有"蠢得像个豆秆儿""不值一颗豆"等俗语。她讲述到"在发掘古代居民遗址的时候，我们总能发现食用蚕豆留下的遗迹。古代的坟墓里也可以找到它，那是死者在阴世的食物。它因此不仅成为死者灵魂的象征，也标志着地下的神灵。""当僧侣和武夫阶层中逐渐形成统治阶级的时候，吃豆子就为这两个阶层所不齿了。……因为蚕豆是一种难以消化、容易胀气的食物，所以它成了穷人、俗人和性的象征。它同样也是妨碍灵魂飞升的俗物。""到基督教时代，它成了基督再生的象征，因为它主要生长在那些皈依基督教的国度里，尽管如此，豆子还是无法摆脱贫穷、粗野和懒惰的阴影。"

原载于2014年12月29日《藏书报》

节气的古雅笺释

——谈《微读节气》

朱伟先生的新著《微读节气》是一本很美的书，十六开本，封面上端为截取的一幅古画，占封面三分之一，下端曙红色右方竖印白色书名著者名，内容是关于中国农历中的廿四节气。微读之微——当然有作者是在微博上写出这些读书笔记之意，简练短小，但也隐含细微涵味之意。作者序中后记讲述撰笔缘由，不无对传统文化影响在现代境况下式微的惆怅和惊惧，甚至，还有一片悔意，西方风景畅览后回归方识得自家山水之美的憬悟。

廿四节气之发明因起与农耕社会关系，毋庸赘言，但我深觉古人之慧心，令人望尘莫及和由衷赞叹。一年分明有四季，四季流转十二个月，廿四节气分缀其中，如此井然，处处是人与自然莫逆于心的相契浑然。而廿四节气之名，得自民间，多么素朴而美，从岁首到年末，随手拈取自然一景一物表征，竟婉转如诗咏叹流宕而来，其中可亲可感并无深奥，顺应而发，自然而作息，却沛然是中国人认知万物天地的哲学风华。

这本书当然不是简单地讲解廿四节气。开端说"四季"，其次历数一年十二月及每月的节气。每个月，多引古籍诗文阐释民俗节令风物传说等条目。每个节气，前附一应时之摄影和一小段精美文字概说蕴意情状，而后分说此节气中三段不同变化征候，亦引古籍之句予以发挥，最后摘取前人二三阕词与之呼应，很是古雅别致。读者读来饱享知识风趣之外，更凭觉一年四季廿四节气诗意之美。这种特别撰写，是旧有的作笺证考研的读书方法，是难得的做学问的真功夫，看似简单抄引，却不犯獭祭，不仅足显读书之博杂，且更有一己理解、判别、见识和思想在，与偷巧懒笨者不啻霄壤。譬如《九月》一章里《柿红》一节："霜重柿红季节。柿树叶落光后，柿实累累，悬霜照采，如灯笼满枝，是为展示，显摆。柿子被简文帝称为'甘清玉露，味重金液'，但它需要被其他果实熏染，才能解涩，想染过程是交易，易为变化。更重要，汉代金币与柿饼形状一致，此种金就称'柿子金'，是交易工具。柿之于市的关系，大致如此。"

"再激进的批判者也无法脱离这个环境，因为你是个中国人。"作者写成此书是想今昔对照而检讨得失，去重新审视古人的生活态度，从而"真正突破对以往传统文化的了解"，大概也是对西方文化强势之风和后工业时代人与自然紧张关系下自觉作出的一种无奈而决然的抗拒罢,虽然微弱,但不无重要意义。此书令人感动之处,是作者字里行间始终深情怀着对中国传统文化灏然瀚然之美的敬畏。

原载于 2012 年 12 月 18 日《攀枝花晚报》副刊

关于《一岁货声》

周作人一生读书之繁杂，罕有望其项背者，然其读书多为常人所不屑或不注意者，从中披沙拣金别择出有思想和文化价值之材料。譬如清末民初闲园鞠农所撰《燕市货声》，他即在1934年1月2月为之先后写下《一岁货声》《一岁货声之余》二文。其称所见乃得之闲步庵抄本，闲步庵即其弟子沈启无别号。《燕市货声》"记录一年中北京市上叫卖的各种词句与声音，共分十八节，首列除夕与元旦，次为二月至十二月，次为通年与不时，末为商贩工艺铺肆。序文自署'闲园鞠农偶志于延秋山馆'"（周作人），货声即市声，吆喝叫卖声也。撰者对所录街头商贩吆喝叫卖声加以注释，在书中凡例道出所撰衷愿："可以辨乡味，知勤苦，纪风土，存节令，自食乎其力，而益人于常行日用间者固非浅鲜也。朋来亦乐，雁过留声，以供夫后来君子。"周氏极为推崇是书，在《一岁货声》文末云："此书因系传抄本，故颇多错误，下半注解亦似稍略，且时代变迁虑其间更不少异同，倘得有熟悉北京社会今昔情形如于君闲人者为之订补，刊印行世，不特存录一方风物可以作志乘之一部分，抑亦间接有益于艺文，当不在刘同人之《景物略》下也。"1939年1月他又在《紫幢轩诗》一文中称："昔日读闲园鞠农之《一岁货声》，铁狮道人之《燕京岁时记》，心正喜之，其爱景光识名物之意有相同者，今在紫幢轩亦得见一斑，此数人者可谓不俗者矣。"给予不菲评价。

无独有偶，之前刘半农亦曾谈及《燕市货声》，云"《旧京货声》一册，闲园鞠农不知何许人。此齐如山抄藏本，眉识出如山手。二十一年春借录存之。半农。"又云："及门常维钧惠云，闲园鞠农蔡绳格，字省吾，号无闷山人，又号养石叟，待晓庐，镶黄旗汉军人，清二等侍卫，现年七十五以外，住柏林寺西太保街路南。二十一年十二月四日半农。"傅芸子在《由乳酪谈到杏酪》(《朔风》第三期，1938年12月) 一文亦言及《一岁货声》，称："很久想把闲园鞠农作的《一岁货声》，标点补注一下。"且自称已完成《除夕》部分，并凭之考证酪与杏仁茶这两种北京食品源流。蔡绳格先生生于1856年，殁于1933年，著述燕京风俗甚富，除《燕市货声》外，还著有《燕市商标录》《北京礼俗小志》《北京岁时记》《燕城花木志》《燕城胜迹志》等多种，可惜其生平无从知道得更其详细，其著现今尚未重新整理校订再版。张次溪编《京津风土丛书》，1938年9月由北平双肇楼校印出版，共收《燕京访古录》《燕市负贩琐记》等民国时期风俗笔记著述十七种，其中即阑入《燕市货声》，似为其正式付印面世。

《燕市货声》乃中国民俗学开先河之作，撰于1906年，抄本殊多，书亦名《一岁货声》《旧京货声》，大概为传抄者易之。中国民俗学研究迄于民国蔚为大观，类似之作，现代就有好几种，譬如齐如山撰《北京货声》，其1933年在《故都市乐图考》序中说，"沿街肩担贸易之小贩，尤足表现之。其叫卖之声，俗名为吆喝，所发腔调，等于歌唱，有板有眼，有快有慢，宛转悠扬，悦耳动听，且有时有白有唱，与戏曲无异，诚非他处所可比拟。……余曾将北平小贩，何时售何物，由元旦起，至除夕止，依时归纳，辑成一书，名曰北京货声。"此外，1936年萨莫尔·维克多·康斯坦英文所著《京都叫卖图》出版（陶立译、陶尚义绘图，书目文献出版社1994年新版），按季节分春夏秋冬四部分，记录54种叫卖声，文笔晓畅幽默，考证翔实，随附有部分珍贵历史图片，详实考察研究北京昔日商业和市井习俗，甚为稀见。而今人有王文宝所著《吆喝与招幌》（同心出版社，2002年5月），书中《吆喝与响器》一章，依据叫卖内容，将之分为吃食、菜蔬、糖果、服饰、用品、服务、娱乐、收换八大类，梳理更其规整，书末即附录闲园鞠农《一岁货声》。另，翁偶虹亦曾撰《货声》一文（《北京话旧（增订本）》，百花文艺出版社，2012年4月）。凡此诸种皆与《燕市货声》一脉相承声气相通。

就所见，国内袁一丹先生通过采用前人收集叙述货声之资料，结合时事，尝撰论文《声音的风景——北平"笼城"前后》（刊《北京社会科学》2012年第6期），再现抗战初期北平沦陷前民俗风气，她在文首说道："声音转瞬即逝，是唯有在现场才能'看见'的风景。从声音的角度介入1937年北平沦陷前后的社会状况，关注的是战争如何侵入北平人的日常生活，改变生活的节奏，为整个城市'调音'。"全文读来真是别开眼界，悲凉满纸。

原载于2015年1月26日《藏书报》

附记：2015年10月，《一岁货声》终由北京出版社出版。是书装帧甚美，蓝布封面，周作人笔迹作书名题笺，内收周作人抄闲步庵抄本影印件，附杨良志选编《燕市货声》，繁体竖排，其中搜集了多种相关文献资料及时人所撰之文。2015年11月，周建设主编"明、清、民国时期珍惜老北京话历史文献整理与研究"丛书之《一岁货声 孺子歌图》由首都师范大学出版社出版。

2018年1月8日

读方言书小谈

或许是受知堂影响,自己对乡邦文献及有关风俗语言文史等资料颇感亲切与兴趣,很是爱读,平日若有机缘遇见便聚藏下来,虽然并不刻意求之,更不奢望做什么学问,不过想借此更多知晓一点有关乡土人情风物知识罢了。新近购得《成都方言》(马骥著,四川出版集团 四川文艺出版社,2012年9月),是书收集成都方言词汇6812条,以汉字拼音标注读法并简释其意,后还附录方言歇后语883条,数量不小,真乃功德之举。自己虽非成都人,但同属川籍,书中所载方言什九熟悉,空暇无事时随意默念几页,为之诙谐幽默而忍俊不禁,正可消闲度夏。文化学者甄先尧在序中言:"曾几何时,方言就在这样看似彬彬有礼、温情脉脉的'语言霸权'中被冷落了,渐渐变得羞怯,变得不好意思,变得不合时宜,变得不敢登大雅之堂。……这些宝石一样的方言,不应该沉埋于历史的泥沙之中。"著者在书前"说明"中称:"从非遗文化的角度上讲,口口传授的东西更应该加以保护传承;从语言活性上看,成都的这些方言词语,皆有可能有朝一日待汉字重新修订时被纳入正式版本。"其对方言的文化识见、良苦用心与期待赫然可鉴。

现今大力提倡普通话，是为了更好地开展文化交流、传播与普及，但另一方面，其统一性亦严重削弱了方言的丰富多样性与鲜活性。一般人认为在公众场合之外讲方言，土气，粗鄙，不上层次，通常被笑谑，其实大谬不然。方言，与地域乡土传统文化沿袭及生活风俗习惯息息相关。舍中还购得《四川方言与民俗》（增订本，黄尚军著，四川人民出版社，2002年1月）一书，其以源流并重和纵横比较的方法，充分利用历代典籍和四川方志，结合实地目验查访，竭力收集四川方言，深入探索四川方言与民俗之间关系，是研究四川方言极有创拓之著，看后真是大开眼界，获益不菲，惊叹方言背后的古雅渊远，彻底改变了自己昔日对方言不屑的浅薄态度。举个例子吧，"安逸"一词，是四川人现今口头惯用语，查此书释云：

"此词有'安闲舒适'之义。如《庄子·至乐》：'所苦者，身不得安逸，口不得厚味，形不得美服，目不得好色，耳不得音声。'今四川方言中保留此义。如李劼人《死水微澜》：'她更知道当太太的、奶奶的、少奶奶的、小姐的、姑娘的、姨太太的，是多么舒服安逸。''安逸'一词在四川方言中还有'令人满意、精彩、糟糕'等义，用得十分广泛。"

又譬如，小时做事不认真，母亲每斥之"恍兮惚兮"，此书则释云：

"此词也作'恍惚、恍尔惚兮'，形容恍恍惚惚、精神不定的样子，语出《老子·二十一章》：'恍兮惚兮，其中有物。'又作'恍惚'，如《敦煌变文集·伍子胥变文》：'女子泊（拍）纱于水，举头忽见一人，行步獐狂，精神恍惚，面带饥色，腰剑而行。'此词一直活在四川人口中，如民国十八年《云阳县志·礼俗下·方言上》：'恍惚，不定也。'今四川口语：'这一棒真把我打瓜了，一连好多天，做啥子事都是恍兮惚兮的。'后引申出'粗心，不在意'的意思。"溯源考究，方言其实多有很深的文化背景和底蕴。

中国第一部方言小说是《海上花列传》，全书文言和苏白交织，对话皆用吴语（苏州话），张爱玲曾于20世纪80年代将其翻译成英语、国语，嗣后成功且经典的方言小说还有用沪话写成的《何典》。在现代小说中，妥帖适当加以方言，可增强地域乡土色彩和味道，但通篇大量用方言成功之例则几乎少有，这当然跟社会语言发展趋势有很大关系。进行文学创作，使用方言当须斟酌谨慎，否则除本地外别的地方的人看不懂，其作品传行就会受到极大阻碍，其影响力亦似乎终究有限。

原载于2014年6月16日《藏书报》

苦竹与纸

1935年6月13日,周作人作随笔集《苦竹杂记》之小引,其中提到宋施宿撰《嘉泰会稽志》卷十七有一条讲竹,云:"'苦竹亦可为纸,但堪作寓钱尔。'案绍兴制锡箔糊为'银锭',用于祭祀,与祭灶司菩萨之太锭不同,其裱褙锡箔的纸黄而粗,盖即苦竹所制者欤。我写杂记,便即取这苦竹为名。"这当是自谦之辞。《苦竹杂记》收文四十九篇,1936年2月付印面世。关于苦竹,其形态大家习见,毋庸赘言。而贾祖璋与贾祖珊合编《中国植物图鉴》(中华书局,1955年7月),却仅收入苦竹属之箭竹,似有缺遗。闲话一句,周氏1943年8月23日曾撰《岛崎藤村先生》一文,忆及昔年在岛崎氏家中聚会,曾获赠折扇一把,上面主人画水墨西瓜一片,并题西行法师短歌一首,标题曰《题不知》,周氏译为:"夏天的夜,有如苦竹,竹细节密,不久之间,随即天明。"此短歌亦见岛崎氏散文《短夜的时节》。未及一年,张爱玲发表于《杂志》的随笔《诗与胡说》亦加以引用。再过两个月,胡兰成在南京创办杂志即名

《苦竹》，由炎樱画封面，并于其上加印此短歌，只是与周氏所译字句略有差异。

我忽地对苦竹造纸有了兴味，遂翻舍中藏书予以小小核实。查元李衎《竹谱详录》，其载录苦竹品种最为详尽，其中云："然尝见越人多煮乌末苦为纸，但堪作寓钱，不堪印书写字。"乌末苦乃古时越州今绍兴苦竹品种之一。此大概正是施宿所言之本。又查《中国造纸植物原料志》（轻工业出版社，1959年11月），其第二大类"竹类"正好有"苦竹"一条，旁配小图，先叙科属与学名，次分经济意义与植物形态加以说明，其中称：

"产于浙江、江苏、安徽等省，大者为钓竿，小者为笔管，也能劈篾用。五月间出笋，略带苦味，不宜食。茎秆可为造纸原料。"此所述亦简净。苦竹纸乃是竹纸之一种，是书所列可造纸之竹的品属竟达四十八种之多。关于竹纸，据刘仁庆著《中国古纸谱》（知识产权出版社，2009年4月）考证，"从文献记录分析、造纸技术进步等方面考虑，竹纸诞生大约不会早于唐代，起于宋代的可能性较大。""竹纸不但用于书写，而且还大量用于印刷。""我国早期以嫩竹沤腌制浆而抄造的手工纸，分为细品和粗品两类：前者纸质软薄，吸墨性好，为书香门第文化用品之一；后者比较粗糙，用作卫生纸或其他。"北京故宫博物院藏米芾书《珊瑚帖》即用竹纸。《嘉泰会稽志》记载云："剡之藤纸，得名最早，其次苔笺，今独竹纸名天下。竹纸上品有三，曰姚黄，曰学士，曰邵公，工书者喜之。"惜今皆已罕见。而周氏所言之苦竹纸大概就是后者。刘先生还提及一种名"荆川纸"的薄竹纸，透明性较好，鲁迅曾在《从百草园到三味书屋》一文中回忆小时："把荆川纸蒙在小说的绣像上，将人物一个个地描绘下来，像习字时候的影写一样。"早期竹纸粗糙而脆，多用于印书，至明则质量大为改进，印刻与书写已普遍兼用了。

古纸留存下来非常不易，用一张少一张，现今通常用来修补古籍书画残叶。田洪生编《纸鉴》（山西古籍出版社，2004年6月）影印唐代迄于民国各类纸品样张，其自序云："这是一本古纸样板图录，是一册集欣赏和鉴定、对证两用的工具书。"浏览是书竹纸之项，我注意到其中所列样张最早年代见自元，盛于明，晚于清，而独阙宋。可知古纸聚藏之难。

原载于2015年11月30日《藏书报》

琉璃之中见般若

——读《杨惠珊的艺术创作》

今得阅《琉璃中见般若——杨惠珊的艺术创作》(新星出版社，2013年4月)，硬面，十六大开本，装帧印制纸张俱佳，又是一部艺术品图册，为之爱不释手，获益良多。书中依次为英国安德鲁·布华顿撰前言《改写中国琉璃艺术语言的艺术家》和《琉璃中见般若——杨惠珊的艺术创作》，谈其"无相无无相"系列、"澄明之悟"系列和"花好月圆"系列等；法国安东尼·勒彼里耶撰《无相无无相》，谈其"无相无无相"系列；英国基斯·卡明斯撰《莲花与风》，谈其脱蜡铸造琉璃花朵雕塑。三人皆当今琉璃艺术制造与研究方面顶尖级大师，语言优美，旁征博引，既叙述琉璃艺术肇始、流变和发展，亦详细解说杨惠珊工艺制造过程，深刻分析其作品艺术特色，见解十分精彩透彻，对深入全面了解其艺术创造有极大助益。

杨惠珊早年从影，真乃繁华胜极，之后却不辞清苦与寂寞断然转入琉璃艺术，个中因由，世人多为之不解与疑惑，于其本人则是自适其适，再简单不过，没有别的理由，皆为一己追求内心宁静。时1987年访游敦煌莫高窟，于其当是一惊，这一惊好似开了醍醐，自此但见诸佛众妙世界，从而使其艺术之境豁然精进。她且凭一手之力造心中之佛相及其他，其间重续久已失传古法，进而挥扬东方哲学，成大美，终使传统琉璃艺术自湮没中复活神采。她之于琉璃艺术，恰如知己相逢暗契，不知几百年因缘累积。史家稽考，琉璃原自古中国仿玉而生，艺术地位一直尚未独立，且不似玉乃天然之石琢成，尊贵赫然，而是靠多类石料土质熔铸加工以就，其工序与技艺相当繁复、艰难，成本亦昂。琉璃制品晶莹剔透如水晶或五彩缤纷如玛瑙，其质地却脆弱易碎，它似乎说明了一个悖论，凡美好，皆易逝。

譬如杨惠珊造佛相，灵感多来自佛经，如《磨合般若波罗蜜心经》《金刚经》和《药师佛经》等。先是脱蜡铸造佛相，次浇铸琉璃溶液，使之函裹于剔透之中，待冷却后，再细琐地打磨细疵。令人深感神奇的是，琉璃佛相复处于琉璃中，晶莹剔透，美轮美奂，经光的明暗投映，轮廓若隐若现，最好阐释了色与空之辩证统一，安德鲁·布华顿说："空，是一种象，一种静寂。而透明，是一种看得见的空。"而其质地脆弱易碎，又喻示了人世无常苦痛。作品里时常留下的气泡，亦印证了《金刚经》中："一切有为法，如梦幻泡影；如露，亦如电,应作如是观。"物理与佛理天然合一,非刻意为之亦难为之。一切皆无长久,她的这类作品,就像照片留下消逝的瞬息,但这一瞬息却是立体的多姿的,光影恍惚交织,正蕴有无数个恒在。这类作品全不见作者机心,作者始终以无为状态,以至于忘我无我,完全消泯了欲念痕迹,只是遵照心所想佛之面目加以铸造,从而如实加以呈现,我们欲从中求索隐喻、符号和政治表达辄显徒劳。但我们依然能够感到,她所有的作品,干净庄严,朴素高贵,总有一种大悲悯大慈爱,似乎无处不及,广达世间最平凡最普通之情。这是俗常匠作与艺术创造的重要分际。作者并非佛教徒,但在琉璃品艰辛繁琐制作的工序中,深刻理解形式与形状之别,娴熟精准掌握分寸与火候,满怀虔诚与严谨,一步一步,与时间相较毅力,最终完成了一件件作品。在此中,作者心智磨练与演变和佛教徒修为追求真可谓殊途同归,获得一种对人生诸种困扰的脱逸、顿悟以及生命真正的喜悦、宁静和优裕。她喜欢并常提到《药师佛经》中第二大愿:"愿我来世,得菩提时,身如琉璃,内外明澈,净无瑕秽。"可作其作品简而赅的概括。与其说杨惠珊再造了琉璃艺术,取得极大成就,毋宁说是琉璃艺术重塑了杨惠珊,离弃浮华表象,直达心灵空无明澈。

　　此书著者意在引导西方读者和观众认识中国乃至东方琉璃艺术迥异独特的风格和创造,但在我们看来一样深受启迪,这仍是一个似乎熟悉其实全新的艺术世界。抛开那些精彩讨论,直接欣赏杨惠珊这些琉璃艺术代作图片,那种东方禅思所蕴含的哲学之美,并未湮没,在当代,依然如空气与呼吸,如水浸润生命,无处不在,令人震动。从中,我们发现令人欣羡的自由,在内心宁静里恣肆悠游,作者所做的一切不仅是勇气淬炼,更是无上智慧,而这智慧看似简单,实行却难,需要付出一生。

原载于 2013 年 11 月 19 日《攀枝花晚报》副刊

豆腐之书

近年来，谈饮馔美食之书风行，坊间渐呈泛滥之势，但这亦并无什么坏处。刘半农曾在《潮州畲歌集》序中云："吃饭穿衣等事是全人类所共有的，所以要研究各民族特有的文明，要彻底了解各民族的实际，非求之于吃饭，穿衣等方面不可。"其重要意义大概不出于此罢。在饱腹之外，饮食往往蕴含了民族智慧与独特的生活风习，值得我们珍视和认真研究。譬如豆腐，即为中国人所发明的特有食品，逾千百年迄今不仅未湮灭反而仍为民众喜欢，不能不令人称奇。

豆腐亦余所嗜。关于豆腐之书，内容在文学及文化范围的，舍中恰好购置了两种，一为金实秋主编《文人品豆腐》（上海远东出版社，2007年11月），另一则为林海音主编《中国豆腐》（广西师范大学出版社，2014年11月），闲时翻阅加以印证经验，是很有趣的事。

《文人品豆腐》前言云："这是我国第一本专门关于豆腐的散文集，选辑了现当代关于豆腐的散文六十余篇。"书中凡《豆腐礼赞》《八方风情》《美食飘香》与

《趣说腐臭》四辑，除个别港台文人外，作者大多为大陆作家，书末还附录自宋至今吟咏豆腐的《诗联辑存》。昔日浏览旧书网，尝见其中待售一册之扉页竟有车辐先生一行题记："不知何方教主购赠，再三叩头了。"可见对此书之喜爱。金先生现居南京，已古稀之年了。余与之素不相识，今年一月，因遍觅先生之著《补说汪曾祺》而不得，遂托友人获其联系电话，求索之，未料先生一口应允，且再三叮嘱毋汇书款，其古道仁蔼，为之感动。

《文人品豆腐》后记谈道："1971年，台湾地区出版了《中国豆腐》一书。"由此看来，则"第一本"之谓实应归于《中国豆腐》。《中国豆腐》初版由林海音之先生何凡作序，1993年5月再版，又添林海音新序，原书选文并有修订增加，其文共计三十四篇，分为《散文豆腐》《考据豆腐》《家乡豆腐》与《海外吃豆腐》四辑，末附其女夏祖美与夏祖丽所辑《豆腐菜单》，罗列豆腐菜肴数十款之多。其作者辄不仅限华人或文人，亦有美德日韩等外籍学者。古今中外关于豆腐之文多矣，遗珠之憾却是竟未将唐鲁孙、北大路鲁山人这两位驰名天下的美食大家之佳篇阑入。二书编辑之文几无重复，特色各具，但相较而言，《中国豆腐》之眼光与视野则更其宏阔。

林海音在《中国豆腐》新序里谈及豆腐并回忆，

"写到这儿,我竟心酸地想起二十年前搬离要拆改的木屋进入高楼大厦居住时,最后的那天凌晨,仍是二十多年来在睡梦中阿婆的那一声:'买豆腐——豆干炸哦——'把我从梦中喊醒了,张眼望窗外,天亮了,正是:豆腐一声天下白!我可有二十年没听到这亲切的声音了,怎不令我心酸酸呢!"真是一往情深。

她在新序里又云:"一九七六年的七月,我收到一本三百多页图文并茂的英文大书,书名《豆腐之书——人类的食品》(*The Book of TOFU—Food for Mankind*),赠者即作者郭伟诺(William Shurtleff)。"著者中文译名威廉·夏利夫,郭伟诺盖为其中文名,此书乃与青柳昭子在日本京都收集资料合著而成,以严谨态度讲述豆腐制作的传统古法与现代科学知识,2005 年在台湾译成中文出版,惜内地尚未引进。《中国豆腐》即辑入著者所撰《中国文学中的豆腐》一文。余读至此不禁暗叹,著者未能涉足豆腐发明起源之国进行实地探访考察,从而增阙补遗其大著,终是一大恨事耳。

原载于 2015 年 8 月 10 日《攀枝花晚报》副刊

碧海青天夜夜星

——读天文书

对星空的浓郁迷恋，如今似乎有些淡漠了。童年时苦于缺书，无缘看到更多天文类读本以饱追索星空神秘的好奇心。之后，一鳞半爪亦略知古中国有世界上最早的星象图，以三垣四象二十八宿划分空域，西方有以古希腊神话故事或星座的形态来命名星座，竟无法详解更多，怅然难已。犹记得那时的星空，净澈如碧海，繁星热闹如市集，心底曾渴望拥有一架高倍望远镜，静谧良夜，仰头孜孜观赏奇幻。二三十年逝去，前年在旧书摊上偶见一本《天文知识》（上海人民出版社，1976年9月）和一薄册《小行星漫谈》（科学出版社，1977年2月），封面装帧素朴，书页皆已泛黄，但品相完好，便买回来，我因又念及，彼时自己正蹒跚学步，若是稍大几岁能读到岂不更好。后来，遇到好的天文学著作，即不吝集藏下来，现有十余种了，空暇时翻翻，获益增知不少，只不过是想得到一些常识罢了，这大概是一种以偿夙愿的补课之举罢。当然，那些高深艰奥的天体物理学专著，我是望而却步不敢去碰的。

遥想民国当年，青年金克木有段时日暂栖杭州西湖边，对天文学极其痴迷，遂动手翻译了西蒙·纽康所著的《通俗天文学》，后来好友戴望舒来看他，经力劝，才低头从星空转向哲学与语言研究，看他晚年所撰《甲骨出新星》《奥卡姆剃刀》等随笔文，深刻睿智，依然明显可见其熟稔天文学并深受其影响。十余年前，作家李方写"星星随笔"系列，闲谈星座，神话、科学、文学、历史、谣谚、传说等交织穿插在一起，很是好看，仅二十余篇，我读之又读，慨叹不可多得，遗憾真是太少了，尝戏笔改易李义山名句为"碧海青天夜夜星"以记之。

新近又购得两部有关天文的著作，读毕觉得很有意趣，一是周凯著《众神的星空》（清华大学出版社，2014年1月），一是荷兰霍弗特·席林著《天文大发现：宇宙的真相》（人民邮电出版社，2013年12月中文版）。前一种云"在古代，星空常被人们同信奉的神明与神话传说联系起来，于是星空就变成了一种人类文明与文化的镜子，透过星空与天文内容我们无疑能较系统地看到众多文化、众多知识、众多民俗细节的起源。""本书即从天文的角度出发，覆盖希腊神话体系，并以英语词源词汇为落脚点，对相关知识进行了系统的分析讲解。"严格地说，此书乃是梳理西方古典天文文化与词源之作，写得相当细致与透彻，有别于之前大多肤浅浮泛或语焉不详之书。而后一种纯粹讲自然科学，介绍自1608年望远镜发明后天文学史上最重要的100个天文发现，撰笔脉络清晰，生动有趣，更难得的是每文均配以相应的宇航器与天文望远镜拍摄的真实照片，正可加深读者感性认识，在一览人类天文发现艰辛壮丽的历程的同时，亦看到诡丽、恐怖、神秘与无垠的宇宙场景，令人惊心动魄。此书最后一章题目是《新地球——史蒂芬·尤德里发现宜居系外行星格利泽581C》，寓意明显，归结到人类探索宇宙的原梦上去，其后记称："400年历史的望远镜天文学已经彻底改变了我们看待宇宙的方式，也改变了我们看待自己的方式。当汉斯·利柏黑打磨他的第一面透镜时，科学界仍然在试图习惯地球不是宇宙中心，而宇宙也远不止6000岁的概念。400年后的今天，我们意识到人类只是宇宙沧海一粟上的生物新人；在一个深不可测的、不断膨胀的空间和时间的海洋里，与我们为伍的是危险的掠地小天体、快速旋转的脉冲星、引人着迷的系外行星、暴殄天物的黑洞和相互撞击的星系；甚至就连组成我们周围世界的原子，在被神秘的暗物质和不可思议的暗能量主宰的宇宙中也处于次要地位。"此话说得实在太好。

天文学这类书，现在已很容易读到了，而新的怅惘亦渐生，一方面是相关读本联翩纷呈而至，夹杂大量伪科学，读者目迷五色，如何择佳者以从之是个重要问题；另一方面则是对目下生存环境状况的暗自惊忧，星空已不复当年矣。以上两种著作内容，一偏重于文化，一偏重于科学，虽出发点不同，但皆属于态度严谨笔致活泼有趣的普及常识之作，使我们多少认识到人类过往、现在乃至将来，以及人类在自然宇宙中所处位置、环境与所赖以生息的地球和宇宙之间的关系。说来，具备科学文化常识与对自然心存敬畏是我们现代人应有的基本素质之一罢。

原载于 2014 年 4 月 8 日《攀枝花晚报》副刊

辑四　西籍拾叶

卡夫卡的画

设若文字是有温度的,那么现代小说大师卡夫卡的文字则很冷,深邃的思想的冷。他的画作亦如此。《卡夫卡的画笔》(三联书店,2010年6月)副标题:"曾是伟大画家的弗兰茨·卡夫卡"。即清晰流露出编者一种难以掩饰的遗憾,并揭示这样的事实,以卡夫卡的秉赋和天才,即使致力于绘画而非文学,同样会成就一番惊人的创造,其画作可以毫不逊色地列为现代绘画杰作。

诚如书中所述:"很少有人知道卡夫卡也喜欢作画",卡夫卡"也是一个有着特别的力量和个性的艺术家"(马克斯·布罗德),"迄今为止,对卡夫卡的画作所做的研究为数不多",本书"首次翻印了我们所知道的已经出版的全部卡夫卡画作",堪称填补了卡夫卡研究的一项空白。同时,亦给我们提供了一个如此难得的机会,去充分感受卡夫卡思想锐力所带来的震撼,窥见其从事艺术活动的另一面，譬如他与绘画如何结缘、对绘画的兴趣看法、参与绘画的诸多事迹、其画作的技术、风格、价值和理解分析，等等。

上大学后，其实卡夫卡才真正开始对绘画感到兴趣且进行过努力，后因各种波折缘故终于彻底转向文学。他曾这样评价自己的画作："可是这种画我是不能给人看的。都是些非常私人的因此也看不懂的象形画。……我笔下的人物都没有正确的空间比例。他们没有真正的水平线。我试着捕捉人物的轮廓，他们的透视在纸的前方，在铅笔没削的那一端——在我心里！"，还曾对朋友说："我留下的所有绘画作品等，都要毁掉"。幸好朋友并未遵循卡夫卡意愿，不仅悉心留存其画作，甚至有几幅画从纸篓中抢救出来。目前公诸于世总计不过四十一幅，另明确有九幅散佚，但这亦是较少部分，还有一些尚未被发现。

我们如今看卡夫卡的画作，大多是素描画，或用于插图，或信手涂抹，对象以人物居多，其余则是关于房屋、桥等，既现实主义而又现代派风格明显。其中最为著名的是一套六幅小黑人组画，分别画出男人在思想、拄拐杖、击剑、伏案、立于镜前、低头而坐等形态，非常简约、生动、传神，高度凝练，极具装饰之美，它们常被人用于卡夫卡文学作品插图或封面。我最好奇的是，那些用钢笔或铅笔所作的画，无论精心还是率性，并不抽象，却想象活跃超常，寓意令人悬想难定，皆无颜彩，基调一律是黑色。

卡夫卡绘画最大特点是与其文学有紧密关联，都能约略从文学作品里找到契合。应该说绘画某种程度上影响了他的文学创作，他在构思文学作品时心中的某些意象，亦通过绘画呈现出来了。编者对这批绘画有深入感悟，因此，这本书编辑亦极具匠心，翻开来右页印画，左页则是从卡夫卡日记、书信、随笔和小说中摘抄的与之含意紧密的文字断落，对其进行解读阐释，更加延伸拓展了关于画意的品读。

除此外，本书装帧大方精美，编辑严谨细致，附文中更有《卡夫卡："一位伟大的画家"》《编辑提示》《图文释义》《书中提到却无法获得的画作》《卡夫卡画作的真实原型》等文论，编著者不妄加评论和猜测，一切根据文献资料和事实说话，展示了当今卡夫卡绘画研究的状况和成绩，亦从各个方面丰满了"曾是伟大画家的弗兰茨·卡夫卡"的形象。书中的一句话："直到生命的终点，卡夫卡一直有规律地作画"，让我印象很深，非常感动。

原载于 2010 年 10 月 19 日《攀枝花晚报》副刊

读《没有画的画册》

我们平常总认为安徒生只是一个童话大师,却不知他的艺术才华是多方面的,他做过演员,诸如诗歌、戏剧、小说等都取得了不小成绩,还创作了不少铅笔画。《没有画的画册》是安徒生中青年时期一部很特别的作品,首次出版于1839年,在1855年再版时有所增订,即现在的由三十三个短篇组成的故事集。起初他并未将其看做是"给孩子看的童话",直到晚年手定自己的童话全集才被收入。这部小书确乎不是童话,尽管笔触、口吻、角度与基调都是童话的味道。

此书当然受《天方夜谭》影响,作者亦承认这点,跟他从小熟读并喜欢有关,书中是"月亮"在三十三个夜晚给一个自乡村来到城市的穷苦小孩子讲所看到的人间种种悲欢,而《天方夜谭》则是女奴给国王讲了一千零一夜传奇故事,叙述模式基本一致。这部小书里,其实真正属于故事的为三十篇,第八夜只是道白,第二十八夜似乎是个小童话,第二十九夜根本就是散文诗。

《没有画的画册》是用文字来"画"的画册，作者在前言谦逊地说："我给大家看的只是写在纸上的我思想中的若干零散素材。"我看完这部小书，认为这都是极其优美简练的诗一样的小说，很短的小说，意境虽然诗化，而故事及揭示的内涵却并不轻松，是忧伤甚至是沉重的——他通过"月亮"的视角，以朴素的深怀悲悯与同情的爱与文字描绘出了底层各种小人物灰黯与悲剧的生活。这些小说无论技巧与表达都是很成熟的，特点是只截取一个断片场景，冷静地客观叙述，没有议论，全凭读者去体味而深思。某些篇章还隐含对上流社会虚伪矫情的讽刺，但也不露骨。这些小说都明显带着作者亲身生活经历的影子，写弱小、写穷困、写死亡、写生活之荒谬无常，有着一种对美好自由生活近乎绝望的无助与渴望，虽然以另一个形式呈现，给我们展示了异常丰富复杂的精神世界。这不由得使人联想到后来的现代小说大师乌拉圭作家奥拉西奥·基罗加的小说视点与风格，二者异曲同工，很是令人震动和感动。

安徒生后半生尽管获得了世界范围内的极大荣誉，常年旅行国外，阅历眼界开阔，结识了当时欧洲许多文学艺术的一流人物，但他从未有一个真正懂得他的朋友，早年经历的阴影、爱情的缺失，尤其是挣扎在上流社会所遭受的偏见、隔膜、挤压、奚落、污蔑和痛苦，都给他作品烙下了深深的孤独的印记，这是一个憧憬美好自由但从未真正享受到美好自由的孤独的灵魂。据说列夫·托尔斯泰以十年时间解读安徒生的作品,他只读出两个字:孤独。

原载于 2012 年 7 月 19 日《攀枝花晚报》副刊

耶麦的诗

——读《春花的葬礼》

最初读到法国诗人弗朗西斯·耶麦（1868—1938）的诗，还是在戴望舒选译的法国诗里。耶麦的诗他译了七首，分别是《屋子会充满了蔷薇》《我爱那如此温柔的驴子》《膳厅》《少女》《树脂流着》《天要下雪了》《为带驴子上天堂而祈祷》，其译量仅次于苏佩维艾尔。戴望舒诗艺追随象征派，对法国现代诗界相当熟悉，而耶麦的诗严格地说却并不属于象征派，与古典主义浪漫主义及其他光怪陆离的流派亦并不沾边，很独特，无法归类，似乎只此一家，戴望舒仍不吝译出，确乎出自一己眼光与兴趣，可见耶麦诗的魅力与他的喜爱程度。我当时正迷写诗，戴氏所译耶麦的诗反复品读，遗憾真是太少了，在心底忍不住叹道：什么时候耶麦的诗集能有中文版呢。

这遗憾现在终于了结，今年8月，由刘楠祺译就的耶麦诗合集《春花的葬礼》中文版首度面世了。厚厚一册，暗绿封面，书名烫金，内收诗人最著名的两部诗集

《晨昏三钟经》(一百二十二首)和《春花的葬礼》(四十首),合计一百六十二首。是书前有耶麦之子的同窗好友皮埃尔·埃斯皮尔所撰《聆听耶麦》作为代序,详述与耶麦的交往及其日常生活,书后附有译者编撰的《耶麦生平与创作年表》以及《译后记》,这些都对我们了解耶麦其人其诗有很大助益。我注意到,在《晨昏三钟经》中,诗人写有一首《孔子的礼》,极力赞赏这位中国古代的哲人,这大概是唯一提到中国的诗。对于耶麦这样一个法国现代诗歌大师乃至世界性诗人,在中国读者中显得陌生与神秘,而其诗集的中文译本迟至目今才推出,让人凭觉几分无奈。

耶麦一生生息于法国比利牛斯省的山区乡村,诗歌朴素、清新、真挚,悲喜寄托在歌咏田野自然风物中,与都市绝缘,我们很能感受到其中静穆之美,仿佛身心得到极大慰妥。其中少女与驴是其常见的主题,这与诗人生活遭际的影响密不可分。他的一生经历简单但并不平顺,早年学业成绩不好,尝过恋爱失败的苦味,其诗集出版也很波折,还遭受到一些批评家无情的攻击蔑视,所幸当时仍有人认识到其诗的重要价值,譬如魏尔伦、纪德等,都给予他热情而无私的帮助,而里尔克、卡夫卡等都对他推崇备至。《晨昏三钟经》(1898年)和《春花的葬礼》(1901年)的相继出版赢得舆论一致好评,耶麦晚年更是声名隆盛,在诗坛上的地位终于得到认可。

  作为一个诗歌爱好者与曾经的实践者,我仍然非常喜欢耶麦的诗。将戴望舒与刘楠祺二人的译诗分别对照,细细涵咏,各有千秋,戴氏译句舒缓而刘氏简练,皆能传达耶麦诗的神韵。戴望舒译完耶麦七首诗后,曾在《译后记》中称:"他是抛弃了一切虚夸的华丽、精致、娇美,而以他自己的淳朴的心灵来写他的诗的。从他的没有辞藻的诗里,我们听到曝日的野老的声音,初恋的乡村少年的声音和为禽兽的谦和的朋友的圣弗朗西思一样的圣者的声音而感到一种异常的美感。这种美感是生存在我们日常的生活上,但我们适当地、艺术地抓住的。"这已很能说明耶麦诗的艺术特色了。这批耶麦的中文译诗最初发表于《新文艺》文学月刊上,《新文艺》创刊于 1929 年 9 月,数月后即停刊,距今算来已 85 年了。

    原载于 2014 年 9 月 4 日《攀枝花晚报》副刊

闲话《荒诞书》

昔日看吕叔湘先生随笔集《未晚斋杂览》,中有《李尔和他的谐趣诗》(原载《读书》1987年第9期)一文,详细介绍英国诗人、画家爱德华·李尔作品及其生平,他说:"爱德华·李尔(Edward Lear,一八一二——一八八八)以写 nonsense poems 出名。这里的 nonsense poems 在中文里很不好翻译,翻作'无意识的诗'固然不对,翻作'打油诗'、'滑稽诗'也不十分恰当,姑且译做'谐趣诗'吧。"李尔的声名在于其谐趣诗,其第一本诗集《谐趣诗集》出版于1846年,生前又陆续出版三本,身后出版一本。这些诗本意用于幼儿教育,总体特点是秉承英国文学童谣儿歌传统,严格讲究格律,五行或四行,朗朗上口,在内容上对一事一物信手拈来,嬉笑无忌,加以幽默与善意嘲讽,读来特别有趣,又兼一诗配一画,很能激发学童兴趣。我读毕全文,对李尔的作品神往不已,可惜时未见有中文版作品集,为之怅然。

现代文人对李尔作品熟知的应不少,譬如施蛰存在《买旧书》(1934年2月)一文里便提到他藏有一本李尔的《无意思之书》。而周作人大概是中国关注李尔的nonsense poems最早的人之一吧，1947年8月他在自己那部顶有名的《儿童杂事诗》的序里就坦承深受其影响："今年六月偶读英国利亚（Ed Lear）的诙谐诗，妙语天成，不可方物，略师其意，写儿戏趁韵诗，前后得十数首，亦终不能成就。"关于李尔，他早在1922年《阿丽思漫游奇境记》一文里即有所论及，在《知堂回想录》第一六零节曾译过其一首诗，除称其"诙谐诗"外，另称之"无稽诗"和"荒唐书"。至于李尔的nonsense poems之价值和意义，《阿丽思漫游奇境记》一文写得相当精辟与透彻，读者可找来一阅，以加深认识。

李尔这类作品当时在英国就妇孺皆知得到广泛认同和喜爱。大概是进入两千年后，国内始出现李尔作品译本，迄今主要有《荒诞书》(人民文学出版社，2004年7月)、《〈一笑了之〉爱德华·利尔幽默诗画全集》(群言出版社，2006年9月)、《荒诞书全集》(北方妇女儿童出版社，2011年5月)、《胡诌诗集》(海豚出版社，2011年8月)、《鹦鹉圣经》(黄山书社，2012年2月)《四小孩探险记》(现代出版社，2012年11月)、《荒诞书全集》(中国城市出版社，2013年5月)、《荒诞书全集》(北京工业大学出版社，2013年8月）、《荒诞书全集》（武汉出版社，2013年9月）等，有八九种之多。之所以不惮其烦列举，实在借此说明李尔这类作品已跨越了国界至今畅销并深受读者欢迎。李尔一生境况与其作品带来的欢悦真乃成鲜明对照，目前遗憾的是，尚无其传记中文译本面世。

其实，李尔这类作品不独仅是 nonsense poems，还有 nonsense songs，nonsense stories，nonsense botany，nonsense alphabets 等，他们共同构成一个系列。这些作品全是站在儿童本位与心理专门写给儿童看的，因为"在他想象力发展的时代确有这种空想的需要"（周作人），其价值亦正在于其中非圣无法匪夷所思的惊人想象，与成人刻板世故凝滞狭仄的世界格格不入，所以显得"荒诞""无稽"，它当然没有什么实用价值，且彼时遭受正统人士鄙薄非议，但从文学史来看，这类作品弥足珍贵非常难得，现今已得到人们肯定和重视，即便我们成人展卷亦能为之会心一笑。陆谷孙在《胡诌诗集》之《译者絮语》里说得好："而所谓 nonsense（胡诌，无意义），往深里想去，其实就是一个变形人间的 good sense（常识，正常意义）。在荒诞与常识之间打上一个等号，是多少现代派到后现代文学作品的主题？只不过李尔是采用诉诸视觉的夸张方式表达，先走一步而已；而由于漫画的受众主要是儿童，也较易被人忽略。不过，李尔及其作品在英国文学史上也能占一席之地,这恐怕是很重要的原因,而绝不只是因为反映了有闲阶级的英国特征(Britishness)。"

原载于2013年10月31日《攀枝花晚报》副刊

虚幻之美

——读《花园余影》

阿根廷作家胡里奥·科塔萨尔的《花园余影》是一篇非常奇特的短小说。中文译本不过一千多字，篇幅很短，但其中情节紧凑，构思巧妙，想象力惊人，极大展现了现代派小说的虚幻之美。美国新批评派代表人物克林斯·布鲁克斯和罗伯特·潘·沃伦就曾在其合编的《小说鉴赏》一书中，将其专列于"新小说"一章里加以分析评论，可见其在现代派小说中的重要性与经典型。

这篇小说主要讲述的是一个人在自己庄园的书房里读一部未曾读完即将读完的小说，小说大意是一对情人计划谋杀他人之事，诚如《小说鉴赏》中所言："《花园余影》总的背景描写使用的手法是现实主义的细节的描写……在这篇小说里，背景和人物描写的真实性表现了情节的真实性，就是小说里关于天气的描写也如此"，我们在其中看不到任何有悖常规或超离现实的画面，诸如花园里静悄的橡树、下午的微风、山间小屋及一对慌张的男女，还有书房里庄园主人坐在绿色天鹅绒装饰布扶手座椅上看书的情形——这一切都是再自然不过的现实里会有的场景。

这篇小说首先是一个有关谋杀与犯罪的故事与情节，加大了可读性，在现代派小说著名作家里，这是很受青睐的题材，譬如博尔赫斯的《小径分岔的花园》、罗伯-格里耶的《橡皮》等；而故事起因、书中男女之间与读书人之间的关系又是如何，均未作交代，这个故事是不完整的，但故事基本要素都具备了，时间、地点、人物以及行为过程，情节相当连贯流畅，如电影镜头，还带有悬疑与稍许恐怖气氛。其实作者在这里只是狡狯地布了一个幌子或采取的惯用手段，他的用意并非在此；其次，那人读的小说中的场景竟与自身所在庄园场景一致，也就是不分彼此地一致，随着小说情节的展开，小说结尾大大出人意料，书中男人竟毫无痕迹地走出书本找到并准备谋杀那读书人，最为奇特的即在此，它打破了现实主义规律，但我们读来却并未感到不妥之处——不知不觉间，它就这样发生了，当然这是通过文字。"从逻辑上讲就显得不可信。但是，这篇小说令人震惊的地方也就是那书里的现实竟和读书人的现实发生了直接联系"，"这篇小说所显示的是扩展了的现实，或者说是现实的多样化，它所提出的就是多样化现实——所谓'真实的'现实和幻想的现实——之间的关系问题"(《小说鉴赏》)。最后,小说结尾并未给出一个结果,一个作者全知全能的一个过去时的结果,却是戛然而止,显示的正是进行时,结局如何,没有答案,可以有很多种可能,让给读者去自由猜度和想象。

《花园余影》是一部幻想小说,跟其他类型幻想小说(科幻、推理、魔幻等)又有很大不同。当然它的故事情节也是虚构的(小说都离不开虚构的,即便自然主义、现实主义也是如此,总含有虚构成分,不可能完全剔除),虽然虚构却不怪异,遵循着"幻想的现实"。作者用很冷静、纯客观、不掺杂任何意见议论及预见的手法描写,但最后却消泯了幻想与现实不可能逾越的间隔。小说早已超越了虚构这一基本层面,从而到达由现实基础构建出的虚构之上的虚幻之境,而且如此理所当然让读者在情理上相信。这部小说没有通常小说所标举的深刻思想与强烈寓意,它的魅力与迷人之处就在于大胆突破了传统小说陈旧观念的拘囿,在小说技巧和结构布置上进行非凡的革新与创造,使小说近似于游戏般好玩,散发出智慧之光,而非仅仅是展现智力。

原载于 2012 年 11 月 15 日《攀枝花晚报》副刊

迷人的游戏之书

——读《克罗诺皮奥与法玛的故事》

阿根廷作家胡里奥·科塔萨尔短篇集《克罗诺皮奥与法玛的故事》(南京大学出版社,2012年11月)中的文章,大概因其陆续撰写于一九五几年法国巴黎和意大利旅次之间,所以显得较为短小,驳杂,吉光片羽似的。这么一本小书,据称是作家最受读者喜爱的一部作品,读来的确非常有趣迷人,珠玉粲粲,但却并不浅薄易懂。我们首先遇到的是这些短篇在文体上归类之难,当然并非全部如此。全书《指南手册》《奇特职业》《塑性材料》和《克罗诺皮奥与法玛的故事》四辑中,尤以《指南手册》和《塑性材料》二辑之文为甚,其中后辑之《歌唱指南》一文似应调入前辑,此可略显整饬,或许作者故意为之亦未可知。

其次,这些短篇尽显奇幻荒诞,然而大多指向模糊,仿佛有很深寓意影射,而读者若想按图索骥去找到确切答案则是徒劳。与此同时,虽然其文字凝练,漂亮,节奏流畅,但由于大量娴熟运用现代派诗歌手法辞句，很是令人费解。全书那则无题的前言里，作者有一句话值得特别重视——"拒绝所有被习惯舔舐到柔顺得令人心满意足的一切"，或许这即是破解这些文章蕴意的关键。需要一提的是，尽管这部书里篇章短小，却非残片，几乎皆保持了各自相对完整或是完美的结构。

即便第一辑《指南手册》里所有文章目为"指南"，但对象、内容和性质仍不划一，譬如《哭泣指南》《上楼梯指南》及《〈手表上发条指南〉之前言》和《手表上发条指南》似可归于一类，而《恐惧方式的指南及示例》《三幅名画的欣赏指南》与《罗马灭蚁指南》则当归于另一类，前一类细致敏锐描写日常行为，赋予崭新观察角度，尽管亦蒙上一层奇幻色彩，后一类则针对心理、物及其他未知，恣肆放纵想象，涉入缤纷玄思之境。第三辑《塑性材料》最为驳杂，极尽黑色幽默、讽刺、匪夷所思之事，题材更其天马行空，既含小说基本元素和性质又似故事小品或散文诗，甚至还依稀存有作家所从事工作的影子，与卡夫卡诸多短小之作何其相似，但卡夫卡基调阴郁冷漠而内隐，科塔萨尔则明朗简洁，诗意斐然，二人有如哲人与诗人之别。《奇特职业》和《克罗诺皮奥与法玛的故事》二辑之文更可视为小说，只不过与传统写法相去甚远，甚至在现代派小说里亦走得更远，仍带着作者小说一贯的荒诞风格，前一辑乃关于虚拟的古怪家庭成员各种奇异行为，后一辑乃关于虚拟的克罗诺皮奥、法玛和艾斯贝兰萨三类人存在的社会场面,结构松散,自由无拘,有着童话般的温润和戏剧般的画面,只不过相当微型而已。

全书先锋性意味颇浓。这些迷人的仿如游戏般好玩的文字,没有阐释说教,新颖独特,贯穿着惊人想象力,极大创新了文学结构样式并拓展了我们的阅读经验,从狭窄守旧中脱逸出来,去感受更大的奥妙的世界。它并无意承担宏大叙事及妄图改造他人世界观,但依然是态度严肃地直指生活诸多平常现象和人类浑然不觉的习见陈规的行为背后匿藏的荒谬与尴尬,很令人震动,而我们仍满足品尝廉价快乐与幸福的同时,作家内心深处装满冰凉的怀疑早已在一旁冷眼无情看着这一切。

原载于2013年3月5日《攀枝花晚报》副刊

天真地等待

——读《没有人给他写信的上校》

马尔克斯的《没有人给他写信的上校》，与之后创作的享誉世界的极富魔幻色彩的巨著《百年孤独》完全不同，它既是一部现实主义小说，又是一部绝望与抗争之书，是作者重视现实的艺术再现而有意所作。作者毫不讳言这点。作品寄出后曾遭到退稿，未引起应有关注，如今却已是与海明威《老人与海》相媲美的中篇小说经典。后来，马尔克斯称："《没有人给他写信的上校》我写了九遍，它是我所有作品中最无懈可击的，可以面对任何敌人。"这敌人，大概主要指各种评论的误解攻击贬损和时间的检验吧。

这部小说有着很深刻的政治背景，其人物及情节很多取自现实，譬如上校这一形象即源于作者外公，他等待千日战役抚恤金的回忆，以及汲取了其他人的特点综合而成。上校与妻子的困窘生活，也来自作者流亡巴黎穷愁不堪的亲身经历，还有彼时的情人塔奇雅，上校乐观、理想主义，而妻子则现实、默默付出，可说是他们的投影。包括小说中的无名小镇，与苏克雷非常相似。如此种种，无非说明这部小说的现实性，是作者多方体验感受现实的结果。但仅此还不够，小说中含蓄反映出的上校儿子被枪杀、宵禁、警察、偷偷传递油印秘密传单等都指向更广阔的社会现实。这部小说奇特之处，是针对彼时哥伦比亚——自己祖国的动荡的局势而同步进行的创造。然而它并不简单草率与肤浅，无论语言、对话、描写和结构都几近完美。

这部小说就像截自生活的一个断片，起首并非才是开始，结尾并非已是结束，各章写得相当均衡精致。它的文字风格相似于海明威，简练传神，当然，这与二人都是记者身份深娴新闻体写作之道不无关系，更重要原因恐怕是受写这部小说时作者生活状况及心情的影响，不容细腻繁复和肆意想象，而是尽力求简。难得的是简之并不浅泛，几乎全是白描，却生动而意蕴无穷，饶有一种朴素干净的诗意。譬如小说开头上校刮罐取咖啡一段，寥寥几十字，其窘困之态立即浮现眼前。马尔克斯曾谦逊地称小说对话不是他强项，但这部小说几乎是靠对话撑起的，其精彩之处正在于对话，大量的对话，对话诙谐、幽默、讽刺，对话因人而异，由对话可窥其人形象性格表情，如果没有深厚的生活阅历和文学功力与敏锐观察，是很难做到的。

初读这部小说，故事很简单，情节顺畅，并不晦涩难懂，表现描绘了贫穷与孤独。其实多读几遍，发现这只是表象。譬如上校十五年如一日天真地等待永远不会寄来的抚恤金，那种等待意味令人悲悯而震动，就此等待而言，已折射出命运亦真亦幻的迷离之光。贝克特《等待戈多》里的等待，其所期对象如此虚幻，其等待结果似乎已不重要，反而是过程本身值得关注，直接指涉世界的荒诞，而这部小说刻画的也是等待。虽然同是等待，后者却是真实具体，放在一个特定的社会现实环境当中，惟因其真实具体，这样的孤独和绝望也更加怵目惊心。这部小说还关涉诸如贫穷、老年、孤独、希望、死亡等，其主题如此丰富深邃而无法单一确定，它们交织在一起，共同呈现个人与命运现实之间的悲剧和相互抗拒。

小说中上校与妻子年老体衰，相濡以沫，艰难度日，唯一的儿子死去，留下了一只斗鸡。将房子抵押出去，不断靠赊账、变卖家物勉强维持生活，他们都没卖掉鸡，而是继续喂养下去，在等待抚恤金的同时，盼望等到鸡斗赢那天能改变生活。鸡在小说中这一形象真是神来之笔。那是对儿子思念的寄托，是不向现实妥协的象征之物。在小说结尾，面对妻子的埋怨与追问，平日里老实正直而受尽侮辱的上校，坚决不再卖掉斗鸡，终于豁然爆发出隐忍了一生的愤恨。马尔克斯笔下的上校，是二十世纪小说里最难忘的人物，有着堂·吉诃德式的执着，在他身上几乎体现了人类坚持理想、乐观与不屈的精神和尊严，尽管被很多人嘲笑为愚蠢可怜。

原载于 2013 年 6 月 18 日《攀枝花晚报》副刊

面对愚蠢荒谬 嘲笑或是反思

——读《黑羊》

爱看小说喜欢文学的人,大多读过这篇世界上最短小说——《恐龙》:"当他醒来时,恐龙依旧在那儿。"据说此小说西班牙原文,原无主语,读来更是扑朔迷离。关于著者危地马拉作家奥古斯托·蒙特罗索,诸如卡尔维诺、马尔克斯、略萨、波拉尼奥等皆对其推崇备至,但并非所有人都有所了解与熟悉——他的生平经历与文学创作以及作品。在我看来,奥古斯托·蒙特罗索取得的文学成就非凡,实应归于鲁尔福、巴别尔、博尔赫斯、科塔萨尔那样类型的作家,他们智力超群,精擅短篇小说,一生作品虽不多亦非皇皇巨制,但却将短篇小说艺术推向巅峰,彻底改变、革新乃至颠覆了我们对小说的阅读习惯和审美认知。他们完全不受传统观念拘囿,勇于突破窠臼,使现代小说手法、技巧与表现焕然一新,其叙事文笔简洁且想象力惊人,不求宏大主旨,而是着重表现潜伏于日常生活表面下的孤独与荒诞,即人类面临的困窘悖论之境,在思想上达到了一种前所未有的深度。

奥古斯托·蒙特罗索第一部短篇小说集《作品全集及其他故事》，其中即收入《恐龙》，当时便引起评论界较大争议。而新近面世的中文简体字版《黑羊》则是其第二部短篇小说集。散文与短篇小说集《永恒运动》是他的第三部作品集，它们共同奠定了蒙特罗索的文坛地位。《黑羊》收录小说四十篇，长短不一，不过都很简洁，丝毫不显繁缛冗长。它们相似的特征是采用了寓言文体。书之目录前的扉页，印下克尼欧·蒙博托之语："动物跟人如此相似，以至于有时我们甚至无法清楚地区分。"原书克尼欧·蒙博托旁括号内注为"食人魔"。这大概是著者借以暗示此书总体蕴意。书中十余帧沉艳插图，由阿根廷画家米盖尔·卡里尼根据文意绘制，正与此书相辉映。阅读此书，无异于一次精神的冒险与奇特体验。

此书小说中主角泰半是动物，诸如兔、狮、猫头鹰、苍蝇、青蛙、猴，等等，这在著者书末所撰《致谢》里可知，著者为写这批小说作了很大准备，曾请教过一些动物学家，还进入动物园进行过观察。此外，小说主角还包括镜子、神话人物、人类、闪电等非动物类以及"善""恶""信心"这类抽象概念。除神话人物与人类外，全部拟人化。这般浮略看来，的确比较符合寓言写作范式。

寓言是一门古老的文学体式,从古希腊《伊索寓言》到法国《拉封丹寓言》,一直遵循着它既定的写作传统,通过人和拟人化主角的简短小故事,最后归结到一个道理,道出关于道德和经验的训诫。其故事与道理分界线明显,或者说,故事只是手段,目的则是为导向著者所要阐述的道理,故事地位明显居于次要,重心其实在于道理。而蒙特罗索《黑羊》中的小说,尽管凭借拟人化主角的言行描述,却非解决一个道理,而是在于表现某种现象,——很多无法具体直言的荒谬与愚蠢言行。它披上寓言外衣,改造成小说样式,内容关注范围广泛,小到人的日常言行,大至社会、政治与国家,均统摄于其中。譬如《黑羊》《狮子那份》等,就有强烈的政治寓意,指向民众善于遗忘与威赫强权之霸道;譬如《大卫的弹弓》《顿悟一切互为因果的长颈鹿》等揭露了战争残酷、荒唐及人性扭曲;而《掌权的智者》《想当讽刺作家的猴子》《最后不知道该变成什么颜色的变色龙》《两条尾巴或是折衷主义的哲学家》等则批评了某类人(知识分子、作家)或人类长存的鄙陋缺点。这些小说所指具有非常大的模糊性、歧义性、不确定性,有的甚至还很晦涩与复杂,读者反复读,常会读出更多意思,或是各有不同的理解。他力图表现的东西与故事交融一体,无法剥离分割。在这里,著者并不是着重于要阐释什么,而是通过故事着重于去呈现什么,冷静客观,杜绝评议与定论的声音,全凭读者自己去思考。

我们能深切感受到这些小说浓郁的嘲讽的基调,但常会导致一个很大误解,即将嘲讽混淆成幽默。《黑羊》中这些小说,并非幽默小说,虽然其中有调侃,小说主角言行通常显得滑稽,或如人们目之为的愚蠢。在莫莉·彭瑟瑞采访录里,著者辩解道:"那些负责我写的书的评论家就认为我是一个幽默作家。但是不是这样的。很多人没有完全理解我的书,因为它们并不会产生幽默效果。他们错误理解了某些幽默、某些嘲讽倾向,或者我描述某些荒谬场景时他们以为我是在引大家发笑。我其实只是想引起大家反思……嘲讽是反映痛苦的一种方式……真正的幽默作家不是让人发笑,而是让人反思。"读者循此门径阅读此书,可以更准确地掌握其实质。事实上,书中小说读来的确很少能引人发笑,相反是为那些愚蠢荒谬的言行倍感尴尬,有时甚至是无奈与悲凉。它们如此犀利地描画出了我们生活生存中真实的状况,尤其令人惊惧的是,那些愚蠢荒谬的东西,我们早已习以为常,并不就认为原来如此。这种小说让人猝然惊醒,去直面愚蠢荒谬以及背后的痛苦与无助。这里顺带提及,其中个别小说既无嘲讽,亦无涉愚蠢荒谬,譬如《爱做梦的蟑螂》:"有一回,一只名叫格里高利·萨姆沙的蟑螂,梦见自己变成一只叫做弗朗茨·卡夫卡的蟑螂,梦见自己是个作家,写关于一位叫做格里高利·萨姆沙的职员,梦见自己变成一只蟑螂。"譬如《不完美的天堂》:"某个冬日夜晚,男人以忧郁的口吻说话,眼神并没有离开燃烧得正旺的火苗:'这倒是实在话。天堂里,有朋友、音乐和一些书,只是到了天堂唯一的缺点便是再也看不到天空!'"这种游戏意趣的笔墨,却体现了哲学思辨玄想的巨大张力,前者更让人想起中国庄子晓梦迷蝴蝶之典故,二者有异曲同工之妙。

再度回到小说《恐龙》。初次阅读,我们对它是小说很表怀疑,或者以为这仅是一句话文字游戏而已。遗憾的是,自它诞生迄今,肯定态度已代替了否定意见。它,的确是小说。小说发展到现当代,创作与审美改造跨进了一大步,它带来崭新的小说美学体验,解放了我们禁锢与陈旧的观念。事实上,关于小说严格定义相当困难,历来争论不休,不妨用文学体裁排除法来加以证明,即它不是诗、散文、格言、戏剧等等,只要具备了小说基本或者是主要要素,无关长短,那么,它即是小说。蒙特罗索这批小说,大片空白全靠读者自己想象去填补,由被动接受到与著者共同参与,极大增强了双方文学创造的互动性。这般看来,中国《庄子》里记载的那个故事:"尾生与女子期于梁下,女子不来,水至不去,抱梁柱而死。"也可列为小说了,芥川龙之介据此还曾敷衍成一个短篇。尽管如此,诸如《恐龙》这种超短小说,其实在蒙特罗索作品中所占比例其实很小。概括而言,简洁而生动是其最大特点之一。在莫莉·彭瑟瑞采访录里,著者表白道:"我一开始是写非常短的文章。然后我就一直沿用这种简洁体,随后我发现这就是我的心声,我表达的方式:简单、明了、简洁。但是也不是说我某一天就突然说我要写短篇小说的。"

从另一种意义而言,蒙特罗索从来就不是一个因循守旧和安分规矩的作家,是拉丁美洲文学爆炸那一代异类中的一个更其独立的异类,他丰富、坎坷、流亡的独特经历,造就了他深邃智慧的文学观念。面对整个世界和社会,以及那些愚蠢荒谬综合起来形成的巨大的权威与威权的超强势力,他摒弃了虚假、轻浮和廉价的赞美与歌颂,始终保持怀疑、质询和挑战的姿态。虽然他知道凭一己之力根本无法去更改什么,一切照旧如斯,但他的小说与文学仍要去展现攻击,就好比勇敢无畏的堂·吉诃德以骑士的骄傲冲向众多的风车。

原载于2015年5月22日《攀枝花晚报》副刊

一直下雨的星期天

法国作家菲利普·德莱姆因为其散文成就，被称为"细微派"大师，其作品风靡法国乃至欧洲，而中文译本并不多，仅寥寥三五种。我读菲利普·德莱姆散文真是一见倾心相见恨晚，因为他极大创拓了散文的写法，即关注细小题材，在"细微处见乐趣"，司空见惯的寻常生活之种种在他笔下呈现出一种陌生而亲切的新奇。知堂曾在《琐事难写》一文中说道："人与事既是平常，其普遍性亦更大"，但寻常生活中细小题材写来往往琐碎乏味，弄不好，就成了陈谷子烂芝麻的津津乐道，而菲利普·德莱姆却以温润、宽和的眼光，对它们进行重新打量、观察与审视，赋予其独特的美感，乐趣盎然中每见达观与幽默，真是写尽普通人的尴尬、懊恼、沮丧和矫情。在我看来，菲利普·德莱姆这些散文，巧妙精微地借用了小说描述刻画手法和戏剧化处理，展现了与紧张关系对立的一种生活悠闲余裕下的平等观照，其魅力正在于，处处流溢惯于哲思的文化优雅。

而他所著小说《一直下雨的星期天》（1998年出版）

昔日只有台译中文本，神往已久却缘悭一面，此番内地新译中文版（南海出版公司，2015年8月）面世，始购得一册认真展读，不禁为之欣喜。小说内容非常简单——阿以诺·施皮茨韦格，这个来自阿尔萨斯坎特赞小镇的已居住巴黎三十年的邮政局职员，他的日常生活与喜怒哀乐。以规制与结构而言，这篇小说译成中文亦仅三万五千字，实应属于短篇而非长篇。而小说之名则来自小说中写到的乔治·西默农所著侦探小说"梅格雷警长系列"之《梅格雷和长凳上的人》的开头一段话："周日一整天都在下雨，冰冷而细微的雨，屋顶和路面均是发亮的黑色，发黄的雾气仿佛能通过窗户的缝隙渗透进来……"小说作者这样写道："在梅格雷警长系列的前几页里，经常是下雨天。于是沉浸在小说里会感觉很舒服。"或隐晦关乎小说主旨亦未可知。

《一直下雨的星期天》不同于寻常小说，它的故事与情节是相当弱化的，尽管小说起始浮掠谈及主角与艾莲娜的初恋，中间又较长篇幅叙述主角与同事克莱曼斯·杜芙尔的一场短暂爱情，但都很简略。小说文字的含蓄暗示与主角的特殊感受随处皆在，多过故事与情节，它以细节的具体观察与揶揄加以呈现。其实，小说的每一章几乎都可独立出来以作散文单篇来读。而在中国现代文学里，废名小说诸如《桥》等与之何其相似，若《桥》每章直可当诗读，而此小说却可作散文看。记得汪曾祺先生曾在随笔《小说的散文化》一文里称"散文化似乎是世界小说的一种（不是唯一的）趋势"。归纳起来则是，"散文化的小说一般不写重大题材。在散文化作者的眼里，题材无所谓大小。他们所关注的往往是小事，生活的一角落，一片段"。"散文化的小说不过分地刻画人物。""散文化小说的最明显的外部特征是结构松散。""有一些散文化的小说所写的常常只是一种意境。""散文化小说的作者十分潜心于语言。"诸如这些观点与看法都符合《一直下雨的星期天》的文学观念与美学实践，正是其妥帖的脚注。

阿以诺·施皮茨韦格只是蛰居巴黎这个国际大都市里的一个小人物，工作生活平淡无奇，内心却孤独寂寞，亦淡淡忧伤，还几许古怪，但自有个性主义的执拗与看待世界与生活的方式与趣味，它没有卡夫卡笔下异化成甲虫的格里高尔·萨姆沙那么绝望透顶。小说通过他的眼光以及所谈论的诸如手机、腌酸菜香肠、博物馆、小雪茄烟、看病、地铁、喝酒、就餐、录像、远游、散步、足球赛、音乐节、体育彩票等等，虽在现代城市生活里极其普通，却亦看法独到，幽默而不轻薄，即便嘲讽亦是善意温和而不失深刻的，譬如"关键并不在于'看'，而是'看过'。"譬如"人们经常活在别人的目光之中。"譬如"有时候，人们敢于说出那些从未告诉过别人的话：关于一切的话，尤其是无关紧要的话，关于生活，以及种种。"等话语，俯拾即是，不无引起我们共鸣或反省深思之处。小说末章主角忆起了读五年级时课堂上老师教授的法国弗朗西斯·雅姆的诗："过几天就要下雪了。/我想起了去年此时，/想起了炉火旁，我的哀伤。/如果有人问我，怎么了？/我会说：让我静一静，没什么。"由此想到下雪，想到初恋之人，最后一句则是："施皮茨韦格先生不再等待什么，过几天就要下雪了。"其间似有暗喻，如此怀旧，情自深沉而温柔，令人暗地感念不已。

原载于 2015 年 9 月 23 日《攀枝花晚报》副刊

美丽的虚无

——读《岛屿书》

德国朱迪丝·莎兰斯基所著《岛屿书》,有一种冰与海的味道,寒凉入心,关于遗忘,关于悲悯,我看后惟以静默。作为曾经的"地图儿童"(如此之妙的自称),痴迷于"指尖旅行"(毋宁是目光旅行),她似乎是偿还一个童年的好梦,亦唤醒我们相同的梦。她之嗜爱地图,譬如欣赏留恋画景,引发无尽惊喜和好奇,这一切源自寂寞困窘的年幼,对陌生、遥远与神秘地方的渴慕和幻想,要把世界一次看个够。然且,地图的平面抽象概括的诸多特质注定与真实相距甚远,它的局限其实就是对现实一种妥协。现实绝非想象这么简单。著者公开声明"对世界行政区划图丧失了信任感",满怀失望与憎厌,在她看来,那些都是不停更改变易的,动荡而不稳定。以前的德国分割成东西各一半,虽然今天已合一,但著者往昔身处国家分裂的疑惑与痛感的印痕依然未曾除尽。

忽然关注那些远离大陆近乎被抛弃的孤独岛屿,来自著者一次偶然发现，一部手绘地图精装本合辑的古书，书后衬页一张单独的小纸片上画着一座孤寂小岛。她为之触动，于是眼光低垂，开始细致打量它们，如面对一群弃子，不无温润抚慰之心。远离尘嚣，逃脱人类社会冷酷虚伪的法则，避于孤岛，很多人心里向往这样的乐园——数千年寻找乌托邦的执着。即便是荒芜的无人岛，亦曾有个叫班宁的水手说道："什么也没有，什么也没有；而它的美，正在这里。"孤独岛屿相对广袤大陆，距离遥远，有自足而封闭的空间，它们不断刺激人们想象，膨胀冒险、征服与占有的欲望，其中很多得名正是其反映。著者恍然悟到，其实大陆就是一座辽阔岛屿，岛屿是一个微型陆地。而她简短而冷邃的话，直接揭示出这种美丽的虚无——"偏远的岛屿本身就是一座监狱。被一圈单调而又无法翻越的海水围墙顽固地困住。""天堂可能是一座岛屿。地狱或许也是。"她的看法大大出乎我们意料，引得深思。在与人类社会文明隔绝的岛屿上，实际发生的事件很多简直匪夷所思，甚至极其恐怖，人的生活与行为时常奇怪地趋于疯癫悖于常理。

《岛屿书》2009年德国莱比锡书展被评为"世界最美的书"，单以文字与装帧而言确不为虚。中文简体字版依旧精致，硬面，十六开本，好似一本画册，翻开来右页是著者手绘地图，左页是随笔文字，一一讲述每个岛屿,好比中国古籍图谱笺释。书中记录的岛屿,共计五十座,散缀在五大洋,其中以太平洋最多。著者不只为给读者讲述地理,介绍其岛屿概况,亦非游历指南与猎奇(事实上绝大多数岛屿我们永远不可能前往),而是钩沉史迹,以文学性的笔致牵联人类活动与轶闻旧事,以人类发展史和社会学眼光来审视,反观考察人类文明以及人性在特殊境地里的变异,最终到达思想与哲学的深处。著者认为:"岛屿是一个剧场式的空间,这里发生的一切几乎都在不可抗拒地浓缩为短篇小说、乌有之地的小型戏剧以及文学素材。这些故事的特色乃是诗与真的不可分割,现实被架空,幻想照进现实。"古今中外涉及岛屿的文学作品何其繁多,而看《岛屿书》恰如一部短篇小说集,幻想只是其中小部分,更多是孤独、荒谬、残酷,满含荒凉气。无论鲁滨孙-克鲁索岛、复活节岛,还是籍籍无名,是否适宜居住,即便最遥远,亦能被人涉足,在美丽虚无之光照耀下,国家与个人无穷的占有欲淋漓展现,都不能抹去被肆意侵犯的暗影。世间岛屿千万,书中有幸提到的五十个岛屿只是一个代表。这是探究死亡与生存之书,无情俯瞰人类之书,为那些岛屿抗拒遗忘的写书初意最后结转成巨大的惘然与诘问。

原载于 2013 年 8 月 20 日《攀枝花晚报》副刊

梦见世上永无战争

——读《此生名为李香兰》

李香兰（山口淑子）是20世纪三四十年代红透演艺界的著名歌星影星，在中日两国家喻户晓，作为特殊历史时期有较大影响的文艺人物，她的一生颇富神秘传奇色彩。《此生名为李香兰》（上海文化出版社，2012年12月）是其自传中文版在中国首次面世，原文曾在《日本经济新闻（早刊）》专栏上以《我的履历书》为题连载。是书分四章，依序为"'李香兰'诞生""'五族协和'的女主角""再见，中国"和"战后，柳芭"，前言后记均由作者撰写，卷末附录川岛芳子（金壁辉）审判记录、其电影作品年表音乐唱片目录简略年谱及编者记，书中还插入大量珍稀的个人、亲友相片及与己相关剧照和资料影印。

是书可贵之处在于，一方面由作者亲笔撰写，与口述誊录不同，其间叙述彼时个人和社会事件有所取舍详略，线条清晰，均以一己耳闻目睹的遭遇为准，感受真切，笔致晓白朴实无所添饰；另一方面作为亲历者，重点以本人前半生关系紧密的人事交往与活动为主,透露的某些细节与真相片段,独家专有,舍此无二,其余则知之为知之,不知亦仅止于适度臆测,并无断言。全书廓清了不少误传与模糊事实,譬如其身份国籍、家庭背影、生活成长、参与的重要活动及战后审判如何幸免于死等,从一个侧面可窥当年中日战争之况,读来恍如侧身乱离之中而惊心动魄。作者对所接触到的童年好友柳芭、川岛芳子、日本军人、演艺界人士等诸多人物,亦照实写来,或喜爱或憎厌或同情或悲悯,态度分明,虽简笔勾勒,其音容行止已传神跃于纸上。是书最大价值,乃在于史料价值,前三章尤为有分量,特别于研究东北伪满洲国、京沪等沦陷区和中国抗日史实有参考补阙之益,而贯穿全书的乃作者真诚无伪随处流露的伤痛、悔意、感慨与反省,沉重之余更多对人生命运的诘问。作为一个渺小个体的人,作为一个柔弱女人,作为一个演艺界名星,同时又是一个出身受教生活成长出名皆于中国的日本人,多重复杂身份,身不由己"被夹身在相互争阋的母国中国和祖国日本中间"而缚上军国主义侵略战争机制,违愿宣传军国主义,被迫直面战争的恐怖、残酷以及对人类社会普遍价值的毁灭,可想而知其心灵矛盾难解,创伤巨大而难愈,这是极其悲剧的。此书虽薄薄一册,却深深表达了憎厌战争祈盼和平的渴望,作者中年后始终致力于和平奔走中日之间乃至世界,由此可见端倪。

是书2004年在日本出版,后记中作者说:"本书内容虽不够详尽,但绝无虚饰成分,字字句句皆发自内心。从这个意义而言,本书可说是我的自传的最终版",末了作者署名前加上这样一句话:梦见世上永无战争。

原载于2013年2月19日《攀枝花晚报》副刊

雨天闲览偶记

——读《东京昆虫物语》

窗外雨意缠绵，得闲惟看书消遣。手边适好有本新买的《东京昆虫物语》中文译本，小 32 开本，撰者泉麻人，专叙其寓居的日本东京地区的昆虫，篇章皆短，文笔清简，谈得非常生动有意思，譬如以下句子：

"细螅小小的，像是一小段细线被操纵着飞行似的。与其说飞，不如说像是被风吹着到处飘的泡泡，无依无靠在飘动着，你稍不留意，就会错过它的踪影。这种如梦如幻的细螅之舞，不管看多少次都觉得很美。"又如："薄翅蛟蛉会在寺庙或神社的阴暗草丛里飘忽不定地飞舞，然后像幽灵般消失在阴暗处。而薄翅蜻蜓则很有'南方人'的作风，它们喜欢驻足在大太阳下的空地上。这些家伙穿过阴暗的树林，来到向阳的地方，让阳光把翅膀照得闪闪发亮，流连不去。"

是书名副题目为——"46 则与昆虫相遇的抒情纪事"，大抵为撰者亲历所回忆而得，诸文中还征引了一些歌谣和关于昆虫的书籍内容。譬如梅谷献二著《虫的民俗志》、奥本大三郎编著《百虫谱》等，只看书名即欲一读，惜乎现今并未译介过来。最难得的是，是书以闲散笔调写之，在文学意味的底子上仍保有很足的科学性，毫无夸张添饰穿凿附会，为文所制的昆虫配图，亦精细如摄影，且着色自然，旁注英文学名、外观特征、生态习性、分布等，让人一目了然。我的昆虫知识实在贫乏可怜，读这类著作，最苦于无图和那些昆虫的"学名"，常无法与亲睹或接触过的对上号，看得一头雾水。譬如珈螅，以前时常看见，比蜻蜓偏瘦，纤小若细铁丝，很单薄的样子，我一直叫不上名字，见到图像才恍然大悟，原来是它呀！清钱步曾著《百廿虫吟》序里云："盈天地间皆物也，而其至纷赜至纤细者莫如昆虫。有有其名而罕觏其物者，有有其物而未得其名者，有古之名不合于今者，有今之名不符于古者，有同物而异名者，有同名而异物者，分门别类，考究为难。"正是道着我心烦恼。

小时懵懂，厮混草木乡野，接触昆虫不知凡几，每视之为友，意趣盎然，而今忆起，竟不禁感念那段快乐光阴。后来，购得法布尔《昆虫记》中文全译本，厚厚一套，亦仅挑了部分篇章来看，兴味似乎泯然矣。及至成年，心境却已很难再回童年时接触昆虫时的那奇妙感受。说来遗憾。尽管有时在书店瞥见这类著作，写得有趣的，我还是会买，但大多未翻完即放入书柜中，大概是一种补偿心理罢，总未免一丝怅然。

描述昆虫的文章，既要饱含文学性质，又要巧妙地融入科学常识，是极难的事，能写得深入浅出平易有味更复其难。这表明撰者不仅要有文学和科学两方面很深的素养，还要对事物有细致观察和感悟，保存着一颗纯朴的热爱自然的赤子之心。早在民国，我国现代生物学创建，即有很多人开始撰写昆虫的科普文章，著名者如贾祖璋、周建人、高士其等，但从创作整体来看，还显得比较薄弱。

我们为什么需要读点昆虫之类的文章，还是周作人在其读书随笔《百廿虫吟》里说得言简意赅："我这所谓格物可以有好几种意思，其一是生物的生态之记录，于学术不无小补，其次是从这些记录里看出生物生活的原本，可以做人生问题的参考。"1923年1月26日，周作人发表《法布耳昆虫记》一文，其中谈及读法布尔《昆虫记》的感受："我们看小说戏剧中所描写的同类的运命，受得深切的铭感，现在见了昆虫界的这些悲喜剧，仿佛是听说远亲——的确是很远的远亲——的消息，正是一样迫切的动心，令人想起种种事情来。"1937年，开明书店出版陶秉珍教授撰著的《昆虫漫话》，其序中云："昆虫，不仅种类繁多，对人类有重大影响，具有奇妙的才能，而且它们的社会组织，又有高出人类之处，所以研究昆虫，实在是一件需要而又有趣的事。"这些意思，其实于今并未过时。

现在的孩子，物质生活很好了，居于城市高楼里，接触昆虫的机会反而稀少了。我以为，谈草木虫鱼的书籍，只要不是太专门的，大人大可多买些给孩子看看。不一定为学术做基础或思考人生问题，至少可以从小增添他们认知事物的常识与能力，培养他们亲近自然的兴趣。

原载于2006年12月12日《攀枝花晚报》副刊

儿童诗谈片

——读《向着明亮那方》

手边有本国内翻译编辑的日本童谣女诗人金子美玲的童谣集《向着明亮那方（增订本）》(新星出版社，2009年1月)，集子依序分夏、秋、冬、春、心、梦六辑，共一百七十六首，前为李长声序《金子般的童谣》，后附录西条八十回忆文《下关一夜》及诗人年表和译者后记。这位天才诗人一生极为不幸，自尽于1930年，仅二十六岁，但产量惊人，创作了六百余首童谣，许多已成为世界儿童文学中的精品。《万象》杂志曾刊发新井一二三所撰《童谣诗人之死》一文详说其生平。

李长声先生在序里这样解释："童谣，中国的意思是儿童当中流传的诗歌，而日本这种诗乃特意为儿童而作，可译为'童诗'，作者往往是大人，甚至大诗人"，"有别于历史上谶纬意味的童谣，以及孩子们自己编辑唱的童呗（又叫'传承童谣'）"。这类童谣在日本大正时期以《赤鸟》杂志专栏为平台引发作家创作热潮，盛极一时，金子美玲是其中成绩最为突出一位。

我无事常看这部诗集,很是喜欢,心底却亦有些怅惘,遗憾太少了。无论童诗、童话、童歌、童戏乃至童画等有关儿童的一切文学艺术都值得我们珍重,好好地研究。知堂是中国大力提倡创作儿童文学及开展研究的先驱,或写或译了大量儿童文学方面的论文与批评文章,曾撰《儿童诗》谈中国旧有的"儿童诗",感慨自古中国像样的儿童文学之稀缺,晚年甚至亲笔创作诙谐打油诗体的《儿童杂事诗》,但呼声依旧微弱。

如今成人重视儿童诗乃至儿童文学,起源于现代对人的发现,其中最重要的是对妇女儿童的爱护与尊重,鞭挞封建社会的旧的腐朽的道德人伦观,具有非常进步的意义,古语即有"嘉孺子而哀妇人"(《庄子》)之明达见识。日本某诗人亦曾说过:"儿童决不是未成熟未长成的大人,正如女人不是未成熟未长成的男人一样","他们各自占有着别个的独自的世界"(知堂译《为儿童的世界》)。儿童诗很多人是不屑的,很多文人不愿动手为来作的,却不知对儿童成长滋养意义重大。其看似简单,实则很不好写,一要作者本人有赤子之心,深怀关心爱护儿童之情,二要有惊人的想象力,三要出语平易晓白,基础乃是懂得儿童特别的眼光与心理世界,站在儿童立场说话。很多所谓"儿童诗"最大弊病乃在于寓成人的"教训"与"道理"于其中,是根本不懂儿童者也,值得我们反思。儿童诗不独是儿童的读品,成人读之亦可从中感受到美好天真之趣,说严正点,是受到一种教育,对自然万物、对身边人事始终保存好奇与敬畏,它恰似一剂良药,清心涤虑,医愈我们成人的世故、虚假、矫情与浮躁。

金子美玲的儿童诗,不事雕琢而淳朴天然,里面尽是澄澈美好的愿望和善良的祈祷,我读着很是感动,兹不一一列举赘述了,因想到以上的话,建议大家空暇时亦来翻翻。

原载于2012年5月15日《攀枝花晚报》副刊

但伤知音稀

——读《退稿信》

《退稿信》(陈荣彬译，新星出版社，2011年)是一本读来饶有趣味但并不令人愉悦的书。小小一册，满含文学写作者创作坎坷的辛酸，深为愀然。编者安德烈·伯纳德在书序之二中不无自得地说："这本书在投稿给出版社的时候可以说'一投即中'。"幸运此书未遭遇退稿，否则那就太好玩了——将是个天大讽刺。不知退稿信这种制度在近现代出版史上源于何时。该书出版人比尔·亨德森在书序之一中称赞安德烈·伯纳德"这本书里面，囊括了各种信件、公司内部的备忘录以及历史上的轶闻，你将会发现它是一本'退稿信大全'——编纂这一类文集的，可以说是前无古人"，却在后面又提到之前约翰·怀特曾编《退稿》，是书"收录了如同百科全书一般的各式退稿信"，还有许多"文艺界轶闻"；另外该出版社还出版有《退稿信书评选集》等，说法似前后矛盾。我很想看一看这些书编选的内容。此书与上述之书不同处大概在于所举曾被退稿的作品现今不乏享誉世界的经典,其作者不乏诺贝尔文学奖获得者,绝大多数且已是大师巨匠了吧。

此书一边是简练介绍被退稿的作品及作者文学生平,一边是摘取作品退稿信的主要片段,两相对照,正好契合环衬书带上所印广告语之意:"出版社编辑们看走眼的重大时刻!""感谢那些昏了头的编辑和出版商是他们成就了这本书。"同时并不避讳,将书中所载的发出退稿信的出版社作了罗列,可视为无言的"秋后算账"。编者坦言亦曾多次遭退稿,此书编就面世,似乎大解心头之恨,快慰何其。

检点此书共涉及一百二十五位作者,其作品以小说居多,零星为诗集、剧本和学术著作等。话又说回来,这些作者当时皆籍籍无名,作品当时均因写作技巧或观念不为接受,多年后其价值才得追认,我们如今看来当然不成问题,而此书编就,以事实的现时结果反驳彼时的历史发生境况,则有不一定妥当之嫌。所以编者亦说:"当然,每个人都可以用'马后炮'的方式来批评这些信有多愚蠢;但这些信中的一部分注定要成为退稿信中的经典之作"。末句所言大概与遭受退稿的作品是经典有关,所以合该成为笑柄吧。

此书编者关于退稿信虽极尽讽刺,兹事却并不如我们想象那么简单,亦许该细致考察相互关系较为合宜。作者投稿单纯期盼发表出版,泰半未暇顾及其他,而出版社推出作品则牵扯作品质量和内容等问题，编辑判断、识见、责任和审美习惯等诸多因素，更重要的是要面向读者市场，除迎合社会时代风尚外，考虑经济利益最不容忽视。书中作品思想、技巧很多在当时较为前卫，甚至颠覆传统，出版将为此冒极大风险。各自所站立场不同，致使作品难免遭受退稿厄运，情况非常复杂。书中所列举作品尚有享受退稿信殊荣，那么此外不计其数的单篇短小诗文等作品投向报纸恐怕连退高信亦无即付之渺茫了吧。发出退稿信是接受出版方的礼数，尽管这"礼数"会让人尴尬、难堪，但文稿不予采用则是其自由权利，从这个层面来看亦可理解，无可厚非，而投稿者所寄寓的不小希望落空，才是让人难以接受。如此就得又翻出伯乐与千里马的老典故了。一方仿佛主宰生死境遇，一方待价而沽，其间真是渴切盼望能遇慧眼，建立一种平等宽容与理解关系，这显得异常重要。

书中所引退稿信言辞不无幽默嘲笑与讥讽，甚至有些还很刻毒，按广义文学性质来看，"如果退稿信也可以被视为一种独立文类的话"（安德烈·伯纳德），当作一种特殊形式的书评来看（可称为"酷评"）——或许偏狭刻薄或酸腐陈旧——其读者对象只针对被评作品的撰者——并无不可。我看此书最感兴趣者，乃是其中退稿陈述的理由，有的个人情绪意气很重，有的简直荒谬无知，甚至匪夷所思，其原因和影响的核心何在，亦可多少窥见彼时判断一部作品价值的普遍标准取向,倘有人去细致探究,肯定有意思。

此书文笔简明,每位作者及其作品介绍恰好占纸一页,还附作者肖像与作品书影及插画,编辑很见精巧。其出版本意乃励志耳,我想,其意义不妨扩大,更可视作文学作品出版的一部挫折史料集,由此展现文学创作自诞生到最终出版所面临的无尽苦辛。出版人在序之一末尾言:"我们衷心希望此书能带给你欢笑",书中有的退稿信尽管可笑,所举作品尽管曾经遭遇退稿,但究属万幸已印行流传,不致被埋没亡佚,而有些具有相同价值却自此永远成为"失落之书"的又当何论呢。其间尚有遗漏亦未可知。记得《古乐府》里有一句诗云:"不惜歌者苦,但伤知音稀",借来正可道出我看完此书的心情。

原载于 2012 年 9 月 20 日《攀枝花晚报》副刊

品书小录(八则)

《幻想图书馆》

近年来,西方(广义)书话和读书随笔被译介得够多,对中国读书界乃至读书类相关写作拓宽了眼界,不无启迪意义,以此反观亦衬映出我们阅读面之偏狭。读书是一己自由之事,但受各种条件和自身嗜好的限制,能达到自由地读书却并非易事。内地首次引进的寺山修司(1935—1983)所著的中文简体字版《幻想图书馆》(民主与建设出版社,2015年1月),则是当下一部相当独特的书话或读书随笔集。

言其独特,首先在于著者身份之多重——诗人、小说家、剧作家、导演,才华横溢,涉足多个艺术领域,他作品与观念的反叛与奇思,深刻影响了岩井俊二、森山大道、安藤忠雄等艺术家。其次,在于其兴趣之广,所读之书杂僻而古怪,牵扯很多冷门知识,有的简直闻所未闻。此书举凡文章十四篇,漫谈关于狼人、头发、青蛙、床、鞋子等内容的奇书。著者引经据典,肆意而叙，轻松诙谐，充分展示了其远阔的文化视野，与博尔赫斯、艾科等学问博洽的文学大师暗自呼应。从中很能感受到著者由此获得的莫大快乐。这些，通常为所谓正经人士所不屑。著者曾说："书的价值，或许是为了从死去的过去中，找出活着的现在。"可视为著者读书观和撰写此书目的。诚如书名提示，这一切皆源自著者对世界的幻想，而幻想源自好奇，正是我们读书最应该得到的最基本的快乐之一。

原载于2016年5月9日《攀枝花晚报》副刊

《奥克诺斯》

西班牙诗人路易斯·塞尔努达（1902—1963）散文诗集《奥克诺斯》（人民文学出版社），于2015年1月国内首次译介出版。这本小书，三十二开本，赭红布面精装，书名烫金，令人爱不忍释。著者系"二七一代"代表诗人，1938年西班牙内战时去国，流徙英、美和墨西哥等国，至死未归。书名即诗人所读到歌德某文中提及的一个神话人物，他常把灯心草编成绳来喂给驴吃。诗人将食绳之驴看作时间之象征，吞噬一切，而此神话人物之名则在希腊语中是"懒散"和"无所事事"之意。

《奥克诺斯》初版于1942年11月,原收散文诗31篇,暂名《献给青春的花环》。其实同年3月,诗人第二次修订时即已改成现名。而第二版,则增至46篇,于1949年印行。第三版达到63篇,于1963年11月付梓,其乃诗人亲手校订之定本。遗憾的是,此书面世前几日诗人便与世长辞,最终未能亲睹。是书之成竟历时二十年之久。

《奥克诺斯》文辞唯美、凝练、含蓄,略带忧伤与苦涩,寄寓了诗人对童年与故土塞维利亚的深切怀念,宛如一部微型《追忆似水年华》。诗人曾借用圣十字若望之言:"一道思绪值过整个世界。"诗人这些回忆往昔之篇什并非仅是简单展现,而是通过不断冥思,倾注精神与成长历程,重新去发现旧往事物之意蕴,最终达到一种深刻明澈之感悟。此书已是西班牙乃至世界的文学经典。

原载于2016年5月9日《攀枝花晚报》副刊

《第一口啤酒》

法国作家菲利普·德莱姆被称为"细微派"大师,这是指他的散文成就,当然他也进行小说等其他文体的创作。他的散文作品风靡法国乃至欧洲,而中文版译介并不多,仅寥寥三四种,这本散文合集《第一口啤酒》

（上海文艺出版社，2014年9月）收录了他所撰《第一口啤酒》《被打扰的午休》以及《狄更斯，棉花糖》三种最能体现其风格的代表性散文集，收文共计104篇。

我读菲利普·德莱姆散文真是一见倾心相见恨晚，因为他极大创拓了散文的写法，即关注细小题材，在"细微处见乐趣"，司空见惯的寻常生活之种种在他笔下呈现出一种陌生而亲切的新奇。知堂曾在《琐事难写》一文中说道："人与事既是平常，其普遍性亦更大"，但寻常生活中细小题材写来往往琐碎乏味，弄不好，就成了陈谷子烂芝麻的津津乐道，而菲利普·德莱姆却以温润、宽和的眼光，对它们进行重新打量、观察与审视，赋予其独特的美感，乐趣盎然中每见达观与幽默，真是写尽普通人的尴尬、懊恼、沮丧和矫情。在我看来，菲利普·德莱姆这些散文，巧妙精微地借用了小说描述刻画手法和戏剧化处理，展现了与紧张关系对立的一种生活悠闲余裕下的平等观照，其魅力正在于，处处流溢惯于哲思的文化优雅。

未刊稿，撰于2015年5月17日

《爱情、疯狂和死亡的故事》

乌拉圭作家奥拉西奥·基罗加（1878—1937）在文

学史上有多项世界性声誉——拉丁美洲"魔幻现实主义"之先驱、"短篇小说之王",他一生创作了两百多篇小说。而《爱情、疯狂和死亡的故事》则是其成名之作,中译本(新华出版社,2011年12月)收录其两部作品集,一为短篇小说集《爱情、疯狂和死亡的故事》,共计20篇,另一为童话集《大森林的故事》,共计8篇。

基罗加小说深受爱伦·坡、吉卜林、莫泊桑、契诃夫等文学巨匠影响,但却根植于拉丁美洲现实社会生活,对底层民众生存与命运之悲哀与不幸给予了深刻关注和同情,而对剥削与贪婪则是无情嘲讽与贬斥,其刻画人物,讲述故事,寓意丰富深邃,值得反复品咂。他的小说最独特魅力之处在于,笔墨冷静朴实简洁,融合了现实主义和现代主义手法,通常将生活中平常之事或事件改换成一种神秘而异样的气氛,采掘出背后的荒诞意味,惊悚与奇幻并存,令人悬想无尽,譬如《羽毛枕头》《一对移民》《独粒钻石饰针》《死去的人》等,都让人一见难忘。读翻译家朱景冬先生所著《拉丁美洲短篇小说之父:奥拉西奥·基罗加》(社会科学文献出版社,2012年9月),可以详细了解其身世与生平。

未刊稿,撰于 2015 年 5 月 24 日

《在春天走进果园》

伊斯兰教苏菲派圣哲亦即大诗人莫拉维·贾拉鲁丁·鲁米（1207—1273），对中国读者而言显得有些陌生，但在西方，却是声名显赫家喻户晓。鲁米早年创作了四行诗与颂诗集《舍姆斯作品集》，晚年又创作了《玛斯纳维》（有时他称之为《霍萨姆之书》），深含著者对生命的所有体悟以及修行的所有理解，这部巨著被公誉为"波斯语的《古兰经》"，与《布哈里圣训集》、穆圣生平传记《希发》，并列为伊斯兰历史上三大"沙里夫"（尊贵的）之书。

鲁米作品浩繁，中译本《在春天走进果园——来，让我们谈谈灵魂》（甘肃人民美术出版社，2013年8月）则是其诗歌选集，书中既有抒情诗，亦有箴言，按主题划分为二十章，每章前加以简短概意辞。本书导读云："这本书的阅读方法，是用来听的，对，就是倾听……读鲁米的诗歌，需要满怀爱，满怀慈悲和感激，爱是鲁米生命的核心……读鲁米的诗绝然不能将思维框定在一首一章一段一节的窠臼中，而鲁米的思维却是一条川流不息的大河，每一朵浪花就是这条河本身，所以鲁米的诗歌每一句都可以随时抽离出来，一句诗就是全体，一即多，多即一。"鲁米的诗歌清澈、宁谧而智慧，祛掉杂质、伪善、私念、名相，回归初心，反观灵魂，这于紧张焦灼匆促疲怠的现代人而言，无异一剂疗本之良药。

未刊稿，撰于 2015 年 5 月 24 日

《死亡特雷布林卡》

特雷布林卡——远离波兰华沙东北不到一百公里一个偏僻之地，1942 年德国纳粹在此建立了一座灭绝犹太人的集中营，有 75 万犹太人被杀害，比奥斯维辛-比克瑙等其他任何犹太人集中营都还要多。《死亡特雷布林卡：1942—1943——最后一个犹太幸存者的回忆录》（上海文艺出版社，2015 年 4 月）中文版新近面世，著者奇尔·拉什曼即是特雷布林卡集中营少数幸存者之一，曾被囚禁其中苦役十个月，此回忆录陆续撰写于他本人逃亡期间而战争尚未终结之时，2004 年著者逝世之前才要求家人公开发表。

安妮特·维奥尔卡在前言称："这篇文字因此属于一种非常特别、范围很小的文学类型：战争尚未结束时，在死亡阴影下写成的文字，目的是留存那些超出人想象的事件的痕迹……这篇幅短小的叙述充满了恐怖美感与力量，讲述了特雷布林卡生活令人惶恐的模糊画面，没有受到其他证言或者学术知识的干扰。"《死亡特雷布林

卡》是这样一部"黑暗之书",读来令人震撼,甚至有窒息与绝望之感,虽然仅二十万字左右,但在记录与见证人类罹难文字里却属经典之作。它已超越了文学,在著者冷静朴素简洁的笔下,国家与集体共同实施的罪行如此肆无忌惮,恣意践踏生命与正义,呈现出关于人性堕落导致的"尖锐、残忍、暴烈"的地狱般画面。我们今天读它,痛彻之余,不可遗忘与深自警思具有重要意义。

未刊稿,撰于2015年5月24日

《纸房子》

乌拉圭作家卡洛斯·M.多明盖兹所著《纸房子》(上海人民出版社,2008年7月),是一部关于藏书家的具有推理风格的小说,继承了博尔赫斯智性一派写作。小说讲述了卡洛斯·布劳尔这样一个藏书家,一生酷爱珍本收藏,痴迷与癫狂几乎达到匪夷所思程度,本人陷于巨大的迷惘与悖论境地,因为变故,竟将毕生珍藏书籍建成一所房子,离群索居其中,而最后却不知所终。小说有两条平行情节脉络,一是显性的,布劳尔集藏珍本的诸种行迹,痛苦与快乐并存;一是隐性的,布劳尔与布鲁玛之恋,扑朔迷离而凄婉。"书籍能改变人的命运",小说中两人命运皆因书籍而严重改变,其遭际令人唏嘘与震动。

未刊稿，撰于 2015 年 5 月 31 日

《诗人的餐巾》

中译本《诗人的餐巾》(浙江文艺出版社，2010 年 7 月)收录了纪尧姆·阿波利奈尔（1880—1918）23 篇小说。阿波利奈尔身份多重，不仅是法国著名的大诗人，还身兼小说家、剧作家和文艺评论家，其开创的"超现实主义"一词对文学文艺先锋派运动产生了深远影响。

阿波利奈尔以诗集《烧酒集》《图画诗集》等享誉文坛，但其文学生涯却以小说创作开始，虽然产量并不多，仅有短篇集《腐臭的魔法师》(1909)《异端头领及同伙》(1910)和《被杀害的诗人》(1916)以及一些零散之作，以上中译本《诗人的餐巾》里所汇聚小说大多从这三种集子里择出。阿波利奈尔小说最大特点，是超凡的想象力，情节离奇，悬念迭出，很多还带有浓郁的科幻色彩；同时，语言风趣幽默，讽刺辛辣，具有很强的批判意识。在他的小说世界里，展现了人生百态有关荒谬、悖理、奇幻、矛盾等无法开释的一面，既意涵深刻又耐人寻思。

未刊稿，撰于 2015 年 5 月 31 日